尾池哲郎

美容の科学

「美しさ」はどのようにつくられるか

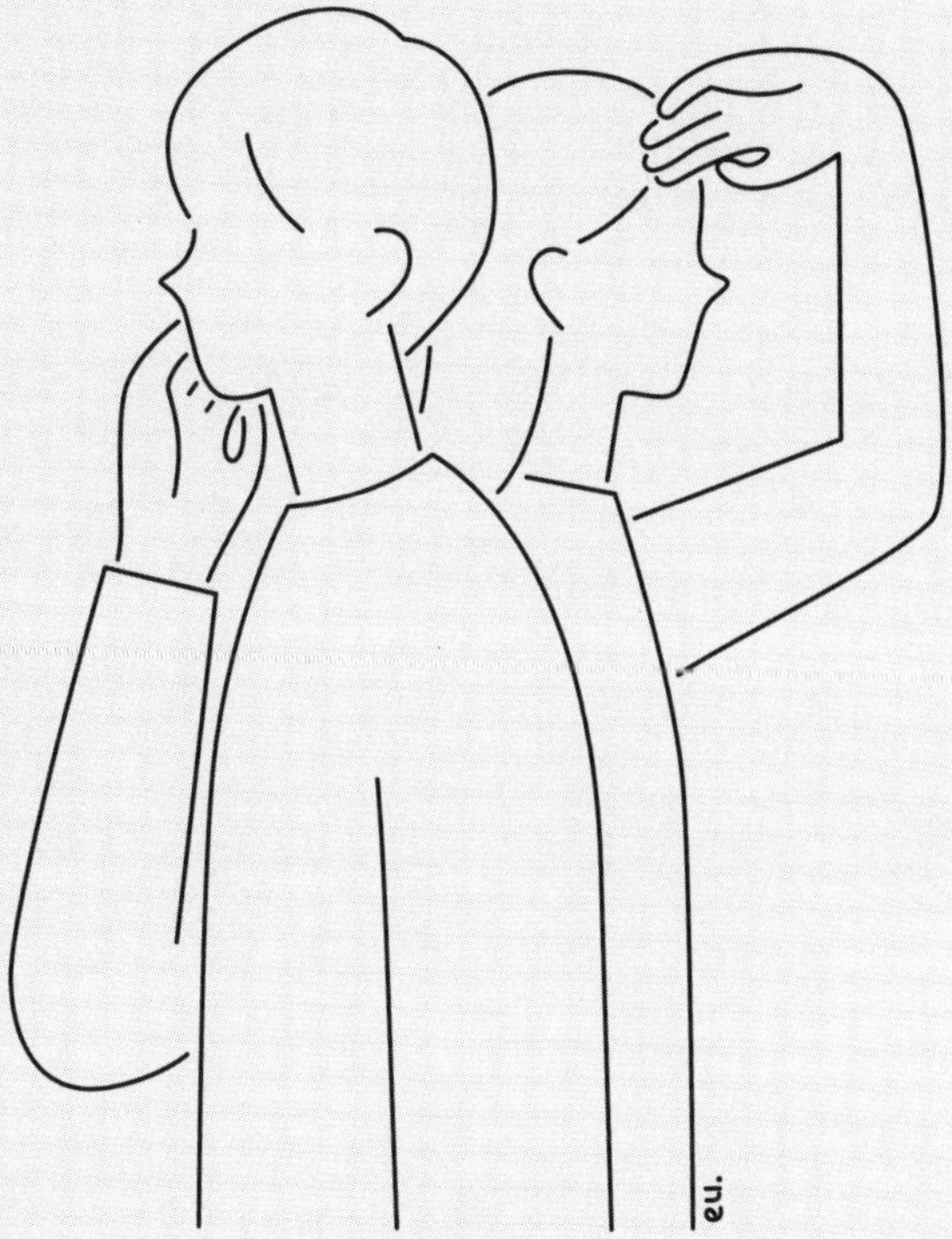

晶文社

ブックデザイン——小沼宏之［Gibbon］
装画——Emi Ueoka
本文イラスト——津久井直美
DTP組版・作図——山口良二

美容の科学 目次

第2章 スキンケアの科学――何のためにしているのか

第3章 美容の世界のあやしい科学——真実に見えるニセ美容

はじめに

私は化学が専門の工学博士です。化学とは物質の性質や反応を扱う分野で、工学とは化学などを産業に応用するさいのプロセス開発などを指します。白衣姿で試験管を振ることもありますが、作業着でスパナを振り回すこともあります。そのため自分の人生でまさか美容に関わることになるとは想像していなかったのですが、考えてみると美容は「化粧」と言いますし、化学は「化け学《ばけがく》」と呼ぶこともあります。さらに建築材料の仕上げ材は「化粧材」とも言います。私たちの周りには「化ける」技術がたくさんあり、そのどれもが「化学」なくして語れないものばかりです。

しかし美容や建築には意外と化学視点の解説が少ないことに気がつきました。美容は医学や薬学からの解説が主で、建築は材料や強度など物理学からのアプローチが多い印象です。私はキャリアのスタートが建築材料だったのですが、化学の視点で眺めると新しい発見が多く、結果的に大きな成果につながり、首相官邸でお寿司をいただく栄誉を受けました。

その開発がひと段落したところで思いがけず美容に足を踏み入れることになりましたが、ここでも「化学の視点」によって新しい知見を数多く得ることになります。その学びや気づきは大変幅が広く、楽しい驚きであったり、逆に眉をひそめるビジネスの種明かしだったりしました。本書ではその一つ一つをあげつらうのではなく、広く全体を化学の視点で眺めなおし、全体像を明らかにすることによって、結果的に個別の事例に対する判断や理解が深まることを目指しました。化学の本領である「物事の根本的な仕組み」の解明が、美容に新たな風景を加えることができれば関係者の努力も報われます。

この本では、美容にまつわるテーマを科学（化学や工学）の視点で考え、掘り下げていきます。実践的な方法を語る本はたくさんありますが、それが根本的にどのような仕組みで成り立っているのかを解説するものは多くありません。当たり前になっているスキンケアをいつもとは違う視点から見返すことで、その「当たり前」に新たな意義が生まれ、より自分に合った美容法や化粧品を見つける手立てになるかもしれません。理系の用語やトピックに特有の気難しい印象が出ないよう、平易な言葉やたとえ話などを使って、なるべく伝わりやすい文章になるよう心がけました。

本書は3つのパートに分かれています。第1章「キホンを化学的に——「美しさ」の概説」では、「キメが細かいとはどういうことか」や「ツヤとテカリは何が違うか」や「透明感とは何なのか」など、あいまいなまま常識とされている基本要素をていねいに見ていきます。多くの方が目にするからこそ誤解やデマも見逃されがちです。きちんと整理していくと、肌がもつ面白さ・奥深さがよりはっきりと見えてきます。第2章「スキンケアの科学——何のためにしているのか」では、日々のスキンケアの順番で、一つひとつを分解してみます。洗顔や保湿をしているとき、じっさいに私たちの肌では何が起きているのでしょうか。第3章「美容の世界のあやしい科学——真実に見えるニセ美容」では、科学的根拠がないにもかかわらず、つい信じられがちな「流行り文句」「常套句」について考えます。「あれも根拠がなかったなんて」と、すこし驚かれることもあるかもしれません。多くの方にとって持つ必要のない「思い込み」を手放すきっかけになればと思います。

美容にまつわる「なぜ?」「どうして?」に現代科学で答えを示せるよう努めました。読者のみなさまの美容の世界がさらに広がり、いっそう楽しくなる一助となれば幸いです。

最後に、地方の一技術者にすぎない私を著作の舞台へ導いてくれたコヤナギユウ氏と、私の思いつくままの乱文に対していつも丁寧に根気よく添削くださった晶文社の葛生知栄氏に深く感謝いたします。

第1章

キホンを化学的に――「美しさ」の概説

第1節 キメ

美を工学的に考える

美容の分野では医学博士や薬学博士の先生方が語ることが多いと思いますが、私は化学が専攻の工学博士です。私自身、自分が美容分野に関わることになるとは思いませんでしたが、そのきっかけになったこともやはり工学でした。

市場に出回っている商品のほとんどは「フィルター」が製造過程で関わっています。いわゆるコーヒーフィルターのような分離用の膜です。飲料水は除菌のためにフィルターにかけられますし、薬品も成分の抽出にフィルターが使われます。私が関わっていたフィルター事業にプラセンタエキスが持ち込まれたことで、美容分野に関わることになりました。それ以来、美容において美とは何か、と工学的に考えることになりました。**美を構成する要素は、素材、造形、仕草、の3つに大別できます。**

「素材」とは、体を形作るための肌や毛髪といったパーツです。
「造形」とは、素材の組み合わせによって表現されるデザインです。
「仕草」とは、体を動かすことによって表現される印象です。

私たちはこれら3つから受け取る印象によって、美しいか、美しくないか、判断しています。判断するには当然「基準」が必要ですので、結果的には「素材」「造形」「仕草」「基準」4つの要素によって美は受け手側が主観的に決定づけていると言えます。

「素材」として挙げた肌や毛髪には、その美の判断材料として、色、キメ、ツヤ、シワといった要素があります。「造形」の判断材料には、目鼻立ち、体つき、肉付き、骨格といった要素があります。「仕草」の要素は、言動、気遣い、ユーモアといったところでしょうか。私たちは多かれ少なかれ、こうした要素が周囲へ与える印象を気にしながら生活しています。第一印象として言葉より先に伝わるからです。

——もっとも基本的な要素「キメ」

中でも、もっとも基本となる要素が、肌というスクリーンの生地ともいうべき「キメ」です。

キメの整った肌には陶器や和紙のような工芸品の端正な美しさを感じます。工業品の印刷からも同じような均質的な美しさを感じます。キメ（木目）とは「木目《もくめ》」からきていると言われ、木肌のなめらかさを表す言葉だそうです。「肌理《きめ》」とも書くそうです。

肌がなめらかに見えれば見えるほど、「キメが整っている」と表現しますが、工学的には肌の「皮丘」と「皮溝」と「毛穴」がそのなめらかさを決定づけています。

ヒトの肌には網目状の細かなシワ（皮溝）

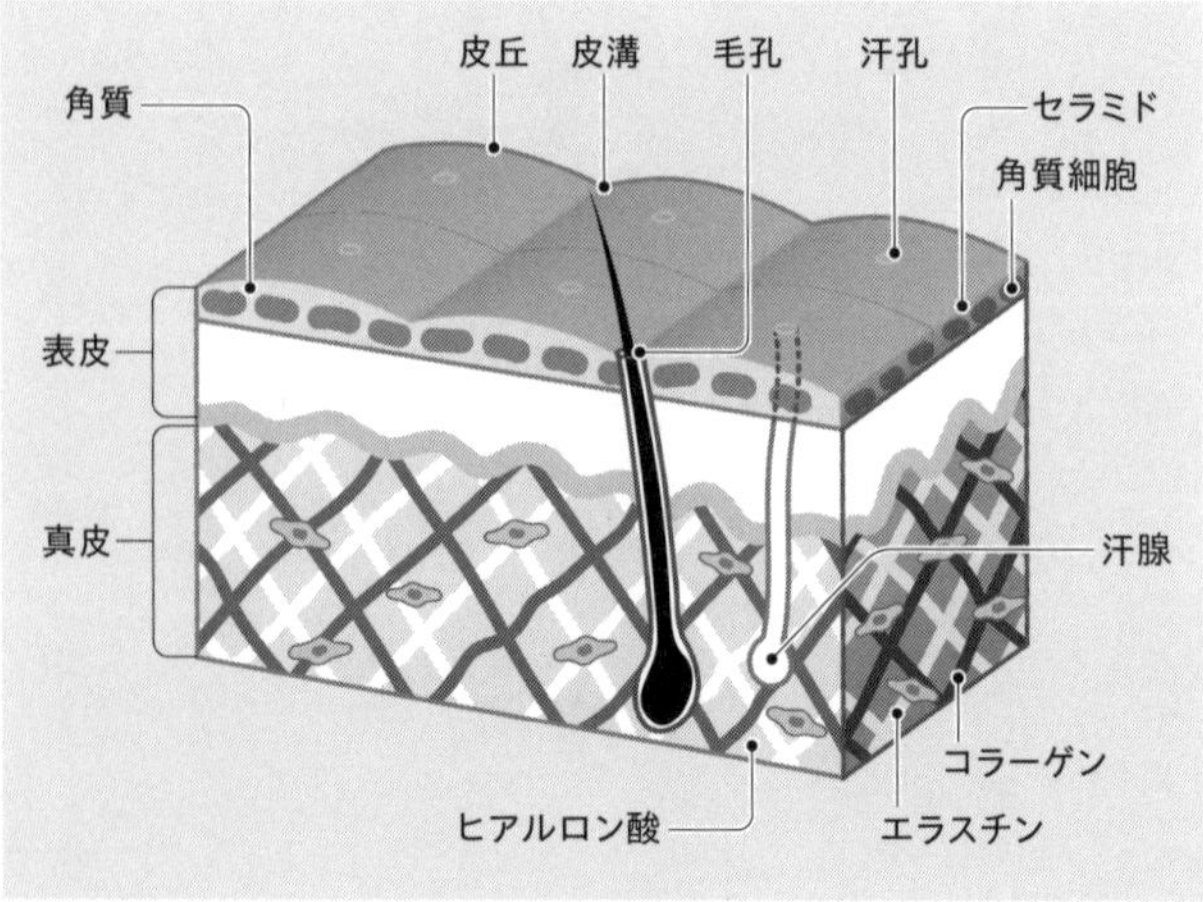

肌の構成要素

があり、それに囲まれた皮丘があります。シワの交点のところどころに毛穴があります。この皮溝・皮丘・毛穴が目に見えないほど細かく、かつ、均質であれば、とてもなめらかに見えます。つまり**キメとは「細かさ」と「均質性」です。**

――キメを支える膨張力

自然界では新鮮なフルーツの皮などにも整ったキメが見られますが、もっともよく目にするのは新しいシーツ、印刷用紙といった工業用品のキメです。工業用品は均質な原材料で高速に量産するため、均質性が現れやすくなります。

そのように考えていたとき、ふと、量産品なのにキメが整っていないものがあることに気が付きました。それは、おもちゃの風船です。店頭で買う風船は袋の中ではしぼんでいます。その表面はなんだかごわごわしていてキメが整っているとは言えません。しかし膨らませると、とたんに、きれいなキメの整った肌が現れます。これは購入時の風船がもっとも縮んだ状態であるため、均質性が見えにくくなっているからです。膨らませると、もともとの均質性が分かりやすくなります。これは人の肌にも同じことが言えます。生まれたばかりの赤ちゃんの肌や若いころの肌は、肌の内部に十分な水分やコラーゲンといった成分が整っているため、ちょうど風船がほどよく膨らんだ時と同じ状態になっています。しかし肌内部がしぼんでしまうと、均質性をまだ有しているにもかかわらず、キメが分かりにくくなってしまいます。これを肌の「菲薄化《ひはくか》」と呼びます。

肌のキメと風船の関係はとても興味深く、キメがけっして肌表面だけの問題ではなく、肌内部の圧力(肌の内圧)が直接的にかかわっていることが分かります。そこで肌内部を膨らませるために水分やコラーゲン、セラミドといった保湿成分が欲しくなります。

——キメとラーメンに見る最先端美容

コラーゲンたっぷりな料理はいくつかありますが、とんこつラーメンもコラーゲン豊富なメニューとして紹介されることがあります。しかしここで、学者の間でよく言われる「コラーゲンの不都合な真実」があります。それは、ラーメンなどに含まれているコラーゲンが、そのまま肌のコラーゲンになるわけではない、という事実です。

人の栄養の吸収は鉄壁のバリヤーで守られています。食べたラーメンのスープに含まれるコラーゲンや脂質は、唾液の酵素や、胃酸によって次々と分解され、アミノ酸や低分子の脂肪にまで分解されてからようやく腸壁から吸収されます。そこにはコラーゲンのような巨大な分子がそのまま体内に吸収されるようなルートはありません。もしそのような大きな穴(欠陥)がどこかにあれば、ウイルスも侵入してきます。

そのため、ラーメンを食べることが肌内部のコラーゲンを直接的に増やすわけではありません。しかし、少なくともコラーゲンになる材料は手に入れているのではないか、と思いますが、それでも即効性のあるものではありません。

ところが、ラーメンを食べた直後は、男性の私でさえ気が付くほどの即効性の美肌効果があります。ラーメンを食べ終わった後、顔の肌がなんだかつややかになり、保湿されたかのようにしっとりとなり、血色よく弾力を持った肌になっています。コラーゲンを吸収しているわけではないのに、一体なぜでしょうか。

箸を置いてしばらく考えましたが、おそらくはラーメンを食べる際に、ラーメンの熱いスープに顔を近づけていることが第一の原因です。

スープから立つ湯気には、水分の他に、油分も混ざっています。これを「ヒューム(蒸気)」と呼びます。「油煙」「オイルミスト」とも呼びますが、湯気には脂分が含まれ、厨房ではそれがフードや壁に付着するため、様々な対策器具があります。

このオイルヒュームは肌表面に均等に付着しますので、そこに均質的なツヤとテカリが生まれます。水分だけでは蒸発しやすいためツヤは保持しにくく、油分だけではテカリのムラになりやすいですが、オイルヒュームは微細なナノ粒子として肌に均質に付着するため、理想的なリキッドファンデーションになる条件がそろっています。

さらに第二の理由として、熱い湯気によって肌が温められ、サウナ効果によって新陳代謝が促進され、血液の循環も活発になり、肌に栄養と水分が送り込まれ、適度な膨張を生みます。

冒頭の風船効果(肌の内圧)によるキメの発現と、ラーメンの湯気によるリキッドファンデーションの合わせ技による理想的なエステ効果を食事時間中に生み出しています。とんこつに含まれる理想的な脂分が生み出す効果です。

こうした効果は、**キメ細やかな肌には肌内部への十分な栄養成分の補給による内圧が必要であり、水分と油分がバランスよく調合されたスキンケア、そして活発な血液の循環が欠かせない**ことを示しています。

一般的なキメを整える化粧品には、古い角質を落とす成分(たんぱく質を解かす酸や、研磨剤など)と、ターンオーバーを促す栄養成分(ビタミン類やアミノ酸)が含まれています。古い角質を落として、栄養成分を送り、新しい肌を作ることでキメを整えようとするものです。しかし今回触れた肌の内圧が不足していると、一時的に肌に血流を送ったところで、しばらくするとまた肌がしぼみ、皮溝や毛穴が目立つようになり、元のくすんだ肌に戻ってしまいます。肌だけを太らせることはとても難しいですが、少なくとも過度なダイエットは避け、**肌の内圧を維持すること**がキメには重要です。

第2節

美白

——肌の色とは何か

キメの次にくる基本的な要素と言えば、やはり「色」でしょう。キメはキャンバスの生地のようなものでしたから、次はそこに表現される色について考えてみます。

美白について考える時にいつも気になるのは、まるで白ければ白いほどいいかのような風潮です。工学的な開発は思い込みをできるだけ排除して行いますが、そうした思考が日常の私ですら、白い肌のほうが美しいのではないかというバイアス(先入観)からなかなか抜け出ることができません。これは我ながらとても興味深く感じます。白に特別な意味があるとは思えないのに、なぜ白い肌が美しいと言われがちなのでしょうか。そうした印象の広告や映画が多いから刷り込まれているのか。あるいはそのように見えてしまう生理的な原因があるのか。そもそも単なる個人の趣味なのか。

それはともかく、美白についても工学的に考えてみます。事実だけを捉え、そこから何が見えてくるのか、考えていきます。

美容や医学では美白について「メラニン」視点で考えます。メラニンをいかに打ち消し、あるいは発生しないようにするか。それが美白向け美容商品、医薬品、医療機器の基本的な考え方です。

しかし工学ではもっと基本的なメカニズムから考えることになりますので、「光」「色」にまでさかのぼってみます。いわゆる光のスペクトル(波長分布)です。一歩下がって、美白の景色を遠くから俯瞰してみます。

可視光は波長の長い方から「赤《せき》・橙《とう》・黄《おう》・緑《りょく》・青《せい》・紫《し》」の色に分けることができますが、それらすべての色をすべて含むと「白い光」になります。白いカーテンはほぼすべての色を反射しているから白く見えるのであり、メラニンはほぼすべての色を吸収するため色が反射できず黒っぽく見えます。赤とは赤以外の光を吸収しているから、赤い光の波長だけが反射して目に届いています。ちなみに絵の具を全て混ぜると黒っぽくなってしまうのは、すべての波長を吸収してしまうからです。

では、**美白における白とはいったいどのような白の事を言っているのでしょうか。**どんな人の肌も何らかの波長が必ず吸収されていますから、すべての波長を含む「真っ白」な白のことを言っているわけではないと思います。ではどんな色がベースになっているのでしょうか。肌に入った光は、どんな波長が吸収され、どのように発色しながら目に届いているのでしょうか。

まず光が目の前の肌に入っていくところから考えます。その時はすべての波長を含む「白い光」が入っていると仮定します。そして角質層の水分や油分を通り抜け、細胞やセラミドに接触しつつ、表皮最下層である基底層にあるメラニンに接触して一部の波長が吸収されつつ、一部の光は毛細血管中の赤血球で赤く発色し、様々な場所で反射や屈折をくり返して、もと来たルートを逆にたどり、肌の外に飛び出し、目に肌の色情報を届けます。

この時、目に届く光の量が多ければ、明るい色を感じ、さらに多いと、白っぽく見えてきます。なぜなら一部の波長が吸収されるからといって、すべて吸収されるわけではないからです。

写真家の中では光量が多すぎる写真を「白ボケ」と表現することがあります。どんな写真も明度を上げ過ぎるとすべての波長が現れて白っぽくなっていきます。

ただ肌の場合は発光しているわけではありませんので、やや白っぽく感じる程度でしょう。**できるだけ多くの光が目に届くような肌には明るさや透明感、白っぽさを感じる**ことになります。逆に肌内部で屈折や散乱を起こしすぎると光量が下がるだけでなく、解像度も下がり、ぼやけてしまいます。

肌の色というものが肌の状態を伝える情報であると考えると、肌の内部が光をスムーズに通すような状態、つまり屈折や散乱を起こさないような透明感を持つ状態であれば、より正確な情報を手に入れることができます。

情報を正確に伝える透明感

ここで「透明」について正確に捉えてみたいと思います。**透明とは一言で言えば「物質の境目が無い状態」**のことです。このように言えば、岩も境目が無ければ透明になるのか、と思いますがその通りです。岩が透明に見えないのは、結晶と結晶の境目(ヒビ、亀裂、界面)が無数にあるため、そこで光が屈折し、さらに光の吸収も起きるため、なかなか光が通り抜けられないからです。逆に結晶がきれいに成長すれば透明に見えますし、一部の波長の吸収がきれいな発色となり、宝石が生まれることになります。

その点、液体はよく混ざり合い、境目が生じにくいため透明になりやすい状態です。液体に含まれる粒子が十分に小さければ、透明に見えます。牛乳は分散している粒子が大きいため、光の散乱が起きて白く見えてしまいますが、メロンソーダは成分の粒子が十分に小さいので透明に見えます。

ということは、肌も細胞の結晶がきれいで、成分が十分に小さければ透明に見えるのでしょうか。その通りです。実際にクラゲだけでなく、中南米のグラスフロッグなど透明で体内が透けて見える生物はたくさんいます。

しかし透明な肌は紫外線の破壊力をダイレクトに受けますので大変危険です。私たちのような一見透明に見えない肌でも、わずかに侵入してくる紫外線で肌が損傷を受け、いわゆる「物質の境目」が生じてきます。たとえば角質細胞間に隙間が生じ、そこで光の屈折が起き、「くすみ」となります。光の屈折が水と空気の境目でよく起きることは、池の水面を通して水中が見えにくくなる体験のとおりです。

肌内部の発色を正確に外部に伝えるためには、細胞や細胞間質、角質層をできるだけ光がスムーズに通り抜けられるように欠陥を少なくし、シームレスで（境目のない）透明な状態にしておく必要があります。そうすれば**肌内部で反射した光の波長がそのまま目に届き、明るい発色の肌になります。**

ここまで考えると、美白とメラニンの関係が、やや遠のいた印象を感じるかもしれません。メラニンはたしかに光の多くの波長を吸収する性質がありますが、同時に肌の内部の欠陥を防ぐ重要な役割もあります。肌内部が透明感を持ち、光が十分に反射して目に帰ってくる状態であれば、肌は明るく見え、白っぽささえ感じるようになります。美白にとって重要なことはメラニンを減らすことではなく、透明感を低下させる欠陥を防ぐことであり、UVを防ぐことです。

――肌を通り抜けてくる光が持つ情報量

意外と知られていませんが、メラニンだけでなく水分もわずかですが紫外線をブロックします。その水分を保持してくれる成分がセラミドで、細胞間をレンガのように埋めています。プールに入っていれば首から下はあまり日焼けしませんが、水の屈折と吸収が紫外線から肌を守ってくれています。

しかし紫外線も体内でビタミンDを生産するために一定量吸収する必要がありますから、光を十分通すために油分も必要です。毛細血管を観察するさいに肌にオイルを塗りますが、それはできるだけ屈折を起こさずにスムーズに光を透過させるためです。サンオイルを塗れば光がスムーズに侵入し、均質にきれいに日焼けができます。

水分と油分は肌のバリヤーと透過を絶妙なバランスで維持しています。それをさらに高度に調整する役割がメラニンです。そうした成分同士の連携は、境目の少ないシームレスで均質で欠陥の少ない透明感のある肌構造で十分発揮され、維持管理もしやすくなります。**私たちが光の情報によって得ている肌の色とは、そうした構造や働きの状態に関する情報であり、自身の肌の状態を知ることができる**ものです。本当に理想的に感じる肌の色からはきっと健康を知ることができるはずです。

きれいな写真を撮影する時に大きなレンズを使いますが、それはできるだけ多くの光を集めるためです。スマホの小さなレンズを通した画像でもＡＩによって処理してきれいに加工できるようになりましたが、まだまだ一眼レフには敵いません。さらに言えば、肉眼に迫ってくる実際の景色の美しさには到底及びません。

それは肉眼で受ける最大量の光に、圧倒的な生の情報を含んでいるためです。

第3節

ツヤとテカリ

ツヤとテカリの関係性

肌の色と透明感は肌の内部の情報でしたが、**ツヤとテカリは肌の表面の情報**です。ツヤとはつややかで潤った「水分」による質感で、テカリは「油分」による光の反射です。水分は微細に分布してマットな質感を生み、油分は広がりやすいので平たい表面がギラついたテカリを生みます。そのツヤとテカリのバランスが肌の質感になります。

そのため**美容や医療における肌の質感のコントロールは水分や油分の足し算や引き算に**なります。足りない水分を補ったり、水分が失われないように保湿油を補給したり、あるいは過剰な油分を取り除いたり。そうして、ツヤやテカリを好みの比率にコントロールします。

しかしここでまた少し素朴な疑問が生じます。水と油は本来、まったく混ざり合わないはずです。その二つがなぜ、当たり前のような顔をして肌の上で同居しているのでしょうか？

水分だけなら分かりやすかったと思います。水分だけをひたすら与えればいいのですから。あるいは油分だけでもスキンケアはとてもシンプルだったはずです。ワセリンだけを塗り広げていればいいのですから。でも肌はそうはなっていません。**本来交じり合わないはずの水分と油分が同じ表面に同居しています。**

口の中はほぼ水分だけです。頭の表皮は油分(皮脂)に覆われています。ですがほとんどの肌の表面はそうではありません。私もスキンケアに携わるまではまったく気にしたことがなかったのですが、あるとき急に不思議に思いました。当たり前のように見ていた肌の表面には、とても当たり前とは思えない水と油の関係性があり、一見仲が悪そうな二者が、まるで力を合わせるかのように同時に存在しています。よく考えればとても意外で、もしかしたらさらにもっと気がついていない関係性が隠されているのではないかと感じました。

――ツヤとテカリの立役者

水と油を同じ場所で活かすという離れ業を、肌はどのようにして当たり前のレベルにまで到達させたのでしょうか。そこにはやはり立役者が存在します。それが**常在菌**です。肌の上で私たちと共生している常在菌たちは、その数なんと1兆個を超えます。恐ろしくなるほどの数ですが、もっと不思議なことには私たちはその存在を普段感じることがありません。それくらいに当たり前の存在になっていますが、実際に**私たちの肌の上には文字通りびっしりと常在菌たちが住んでいます**。

常在菌たちは私たちが毛穴から分泌する皮脂を原料に「両親媒性分子」と呼ばれる、水とも油ともなじむ成分をつくり出しています。主に脂肪酸と呼ばれる成分で、水と油を同時に引き寄せることができます。

常在菌たちはなぜ両親媒性分子を作り出すのでしょうか。水と油が両方必要である、ということも理由かもしれませんが、もっと重要な目的は「弱酸性」です。脂肪酸はその名のとおり酸性です。常在菌たちと敵対する黄色ブドウ球菌や大腸菌はアルカリ性を好みますので、敵の侵入を防ぐために常在菌たちは身の回りの環境を常に弱酸性に保っています。エンテロトキシンやベロ毒素などで異常反応を引き起こす黄色ブドウ球菌や大腸菌は私たち人間にとっても都合の悪い菌です。逆に黄色ブドウ球菌たちにとっては脂肪酸が毒素と言えます。私たちが自身の身を守るために常在菌(主にプロピオン酸菌)を呼び寄せたのかもしれませんし、あるいは常在菌たちが皮脂を求めて好んで住み着いたのかもしれません。出会いは遠い過去のことで知る由もありませんが、しかし結果として、**私たちは同じ敵に対抗するためにチームを組んでいます。**まるでロールプレイングゲームのパーティのような関係です。そのため、もし肌の質感が普段と異なったり、肌の状態に気持ち悪さを感じたら、それはチームメイトの常在菌たちに何か問題が生じているのかもしれません。

常在菌や雑菌など細菌の増殖スピードというのはとても速く、1個の細菌が1時間後に約8個になり、2時間後には64個、そして1日経つと1000億個の1000億倍にまで膨れ上がります。その体積は一般的な菌だとコップ1杯分です。そこまで雑多な菌が繁殖してしまうと、常在菌たちの社会も大きな混乱に陥ります。そのため私たちは定期的に肌を洗浄しますが、これはちょうど台風や、松林の定期的な清掃が、生態系の維持に役立っていることとよく似ています。台風は海水をかき混ぜ、栄養分が薄くなった海水面に深海の栄養分を持ち上げて植物プランクトンの増殖を促します。そのため台風の後は漁獲量が増えます。松林は美しい人工林ですが、松と共生している菌の維持管理が必要です。定期的に下草刈りや落ち葉かきをしなければ共生菌が衰退したりマツクイムシの繁殖を招きます。肌も同じように定期的な洗浄によって表皮の状態をリセットすれば、常在菌の社会が常に健全に維持され、過剰な皮脂は分解されて両親媒性分子となり、肌全体に広がります。その両親媒性分子を利用して、水分と油分が肌全体に均質に広がります。

これとよく似た構造にハスの葉があります。ハスの葉は強烈に水を弾きますが、この超撥水性は「ロータス効果」と呼ばれます。これは油分の膜によるものではなく、ヒトの肌と同じような均質に並んだ親水性と親油性によるものです。しかも均質であるだけでなく、親水性と親油性の微細なパーツがタイルのように交互に並ぶさらに高度

ハスの葉のロータス効果。

Michael Gasperl CC BY-SA 3.0 <Tropaeolum majus - Kapuzinerkresse: Lotuseffekt oben>, via Wikimedia Commons

な構造によるものです。このロータス効果を使用したものにヨーグルト容器の内フタがありますが、付着しやすいヨーグルトがうまい具合に離れてくれます。バラの花はさらに高度です。ほぼ同じ構造なのですが、親水性と親油性のタイルの大きさがちょうど水滴の形になじむように並んでいるため、水滴を弾きつつ、しかも水滴を離さない不思議な状態を作り出します。ハスの葉やバラの花の美しいツヤとテカリはそうしたメカニズムによるものであり、雨上がりの朝、まるでバラの花の美を演出するかのように適度な水滴を残します。

このように自然界のツヤとテカリは単純な油分の膜ではなく、水と油の合わせ技です。ヒトは常在菌の生み出す両親媒性分子を広げ、ハスは均等なサイズのタイルを交互に並べ、バラはさらにタイルの大きさを水滴に合わせています。人間もバラと同じように高度なタイルを並べれば水滴をもっと楽しめたのかもしれません。しかし私たちはタイルではなく常在菌と両親媒性分子を選びました。一体なぜでしょうか。それは私たちの肌の「しなやかさ」が関係しています。

——肌のしなやかさメーター

植物や昆虫は体の表面を固いパーツで覆っていますので、超撥水性や360度を見渡す複眼のようなタイル構造が実現できます。しかし彼らと私たちの大きな違いが、私たちの肌が持つ「しなやかさ」です。私たち動物はしなやかに動くことで生活しています。動くには常に大量の酸素と栄養素が必要で、しかもそれらを体全体へ素早く循環させなければなりません。そのためには植物が持っているような硬くて分厚い「細胞壁」は邪魔です。薄い細胞膜でエネルギーをすばやく循環させ、代謝し続けるため「柔らかくしなやかな」体になっています。

体の組織がしなやかでなくなると様々な問題が生じますが、もっとも分かりやすい例が**肌の角質の乾燥と硬化**です。角質層はターンオーバーによって約4週間で新しい角質に入れ替わっていますが、生活習慣の乱れや、紫外線、不適切なスキンケアなどでその周期が遅れると古い角質が乾燥して硬化し、セラミドなどの細胞間の脂質も失われていきます。硬化した古い角質は剥がれ落ちにくくなり、ターンオーバーをさえぎり、さらに積み重なります。これを肌の「角質肥厚」と呼びます。硬化してごわつき、しなやかさが失われた角質層には肌内側から供給されるはずの水分や皮脂も行き届かなくなり、乾燥と硬化はさらに進みます。

角質肥厚が進むと「第2節 美白」の透明感で触れたように光が透過しにくくなり、肌の明るさも失われてしまい、くすみの原因にもなります。逆に肌のしなやかさが保たれていれば、水分や皮質が肌内部から表面へスムーズに供給され、十分な両親媒性分子が生み出され、水分と油分が肌全体に広がり、自然な質感を生み出すとともに、乾燥にも強くなります。**肌内部と常在菌のしなやかな連携が、肌全体の健康を維持しています。ツヤとテカリは「肌のしなやかさメーター」と言えます。**

第4節 ハリ

——肌のハリと筋肉

キメ、ツヤなど、肌質を表す言葉の多くはなぜかカタカナですが、ハリがカタカナである理由は何となく分かる気がします。ハリと言えばTension(張力)のことですので、まず思い付く漢字は「張り」です。それともう一つ、家の天井で横に伸びる「梁《はり》」も同じ音です。肌に「張り」を与えるには内圧が必要ですから、風船の空気のように十分な成分(脂質、コラーゲン、エラスチン、ヒアルロン酸など)を肌内部に保持する必要があります。しかし内圧があったとしてもそれを大きく支える「梁」のような構造がなければ全体が重力方向に下がってしまいます。その梁に当たるものが「筋線維」(筋肉)です。張りと梁、両方のハリを同時に表現するためにカタカナがしっくりくるのではないかと思います。なお梁を表す英語はBeamですが、英語圏の美容におけるハリはTensionのみですので、日本語の便利さが発揮されています。
張りは成分によって生じ、梁である筋線維によってハリが維持されます。そこで顔のハリを取り戻すために「表情筋」を鍛えよう、という対策を見聞きすることがあります。しかし私は表情筋を直接鍛えるのには反対です。なぜなら顔の表情筋は骨格筋ではなく、鍛えることが大変難しい「皮筋」だからです。皮筋は骨と皮膚の間にある筋線維ですから、骨を動かす通常のエクササイズと異なり、皮膚を動かさなければ鍛えることができません。しかし皮膚を大きく動かせば普段とは異なる過剰な伸縮となり、シワ・タルミの原因になりかねません。

ではどうすれば良いのでしょうか。ここでまた素朴な疑問がわきます。普段からエクササイズをしている人は、体だけではなく顔も引き締まっています。表情筋を鍛えているようには見えない人も、やはり体と一緒に顔も引き締まっています。体が引き締まっているのに、顔はふくよかなアンバランスなスポーツマンはあまり見かけません。なぜでしょうか。実はそこに、**筋肉のあまり知られていない機能**が関わっています。

――筋肉から肌細胞へ送られるメッセージ

筋肉といえばつい力の方に注目してしまいますが、他にも**熱源やポンプといった重要な役割**もあります。筋肉を動かすと筋肉細胞のミトコンドリアで脂肪が酸素と結合して燃焼され、力(エネルギー)に変換されるとともに、熱エネルギーにもなります。寒いときに体が小刻みに震えるのは筋肉が熱を作っているためです。そして筋肉のポンプの役割とは、筋肉を伸縮させることで血流が活発になり、全身に血液が送り込まれることです。「足は第二の心臓」と呼ばれるくらいに、歩いて足の筋肉を動かさなければ、理想的な血液の循環は得られません。

しかも筋肉の機能はそれだけにとどまりません。筋肉にはもう一つ「**メッセンジャー」としての役割**もあります。筋肉は、自身を動かすことで活発になった血流に乗せて、全身の細胞へメッセージを送っていることが近年の研究で分かってきたのです。人体のメカニズムの深さは底なし沼のようですが、筋肉は自身を動かす脳からの指令を受けたとき、同時に体全体の代謝も促進させるために全身の細胞へメッセージを送るため、血液の成分を変化させているのです。その成分変化を受けとめた全身の皮膚細胞では「プロテオグリカン」と呼ばれる特殊なたんぱく質が生産され、真皮の厚さが増加するとともに、肌の弾力が改善されることが分かりました。たとえ体のどこか一部の筋トレであっても、そのメッセージ物質は全身に送り届けられ、全身の肌細胞の活動が活発になることが分かったのです。しかもその効果は皮膚の構造にとどまらず、シミの原因となるメラニンの生成も抑制している可能性もあることも分かってきました。

もちろん筋トレのやりすぎは逆にストレス物質の作りすぎにもつながりますので、自身にとっての適度な運動量を知る必要がありますが、普段運動をしている人の顔が引き締まっているのは、筋肉から全身の皮膚細胞へ送られるメッセージ物質が大きな役割を果たしていることが分かりました。

——肌の鮮度を保つ

ここで疑問がわきます。筋肉がハリに必要であることは分かりました。しかし筋肉が発達すれば、脂肪の燃焼(消費)が早まり、肌の内圧が下がってしまうことにはならないのでしょうか。ここで脂肪についてもしっかり理解しておきたいと思います。

脂肪にも多くの役割があります。栄養やエネルギーの在庫であり、体温を逃がさないための断熱材であり、外部からの衝撃を和らげる緩衝材でもあります。さらに私たち自身のためだけではなく、常在菌のための栄養源でもあります。皮脂が主な栄養源である常在菌たちは、その食料にもっとも近い位置だからこそ、皮膚表面にいてくれていると言えます。そのため常在菌たちのためにも、常に新鮮な脂肪を準備しておく必要がありますが、**脂肪のもっとも重要な性質が「劣化しやすい」**ということです。

脂肪の劣化には「酸化」と「糖化」の2種類があります。劣化した天ぷら油が分かりやすい例ですが、高温によって酸化が進むと油脂分子の屈折部分が伸びてしまい絡まり合ったり結合し合ったりして粘度が上がりどろどろになります。また糖化とはその名のとおり糖類と結合する反応で、茶色い別の物質に変わってしまいます。天ぷらの衣の小麦粉に含まれるたんぱく質でも同じ糖化がおきて茶褐色になりますが、油脂でも同じことが起きます。酸化の事を「さびる」、糖化の事を「こげる」と表現することがありますが、まさにその名のとおり劣化します。劣化すれば私たちだけでなく、常在菌の健康も維持できませんし、なによりも代謝しにくくなってしまいます。そのため常に一定量を代謝(消費)し続けて、新しい脂肪と入れ替える必要があります。

筋肉の機能が十分であれば、脂肪が消費された後に筋肉のポンプ機能によって新たな脂肪の材料が送り込まれ、新陳代謝を促すメッセンジャー物質も届けられます。そして常に一定の内圧を維持することができます。

筋肉が肌の健康を支えているメカニズムは理解できてきましたが、その筋肉を鍛えるには何に気を付ければよいのでしょうか。ポイントは「筋肉の質」です。

――筋肉の質を整える筋トレ

筋線維は「速筋線維（速筋）」と「遅筋線維（遅筋）」に分けられます。速筋は強い力を象徴する筋線維で、鍛えれば太くなり、断面積に応じて力も強くなります。遅筋は弱い力を長時間持続できる筋線維で、太くなりません。そのため、短距離選手の筋肉は太くなり、長距離選手の筋肉は細いままとなります。つまり「筋肉の質」は目的によって変わります。速筋は白っぽく見えるのが特徴で、遅筋は赤みを帯びています。長時間泳ぎ続けるマグロやカツオは赤みの遅筋に覆われています。

速筋は短時間で大きな力を発揮することができますが、持久力に乏しく、すぐに疲れてしまいます。しかし遅筋はゆっくり収縮する筋肉で、一定の弱い力を長時間持続させることができます。遅筋を使った運動は体への負担が小さく、日常的に脂肪を燃焼させることもできます。一定量の脂肪を燃焼しつづけ、肌を常に新鮮な状態に保つためには、遅筋の運動が理想的です。速筋は主に無酸素運動によって鍛えられますが、遅筋は主に有酸素運動によって鍛えます。弱い負荷の有酸素運動を継続的に続けることで、全身の筋肉の質を遅筋に近づけていきます。そのためにもっとも重要なことが「継続」であり、続けることができる自分に合った運動の「種類」と「ペース」を見つける必要があります。

まず運動の種類ですが、体のどの部分のエクササイズであっても筋肉がメッセンジャー物質を全身に届けてくれるので、低負荷の有酸素運動であれば何でもよいです。重要なことは続けることなので、たくさんあるトレーニングの中から自身に合った動かし方を気軽に選べばそれが正解です。

次に運動のペースですが、脂肪燃焼のためには20分以上の運動が必要とされています。そして興味深いことに、一日に20分運動するのと、10分ずつ2回の運動では、効果に差がないことが分かっています。そしてその効果を実感するためには数カ月以上続ける必要があることも分かっています。20分以上で良いわけなので、最初は20分で必ずやめるようにします。どうしてもしたくなった時だけ時間を延ばせばよいと思います。長距離走選手だった経験上、数カ月動かし続けると、そのうち動かさずにはいられなくなります。

第5節

肌荒れ

肌の平衡状態

キメ、透明感、ツヤ、ハリは良い方向の変化ですが、栄養が不足し、新陳代謝が弱まり、免疫システムがバランスを失うと悪い方向の変化を引き起こします。それが肌荒れです。具体的には成分バランスの崩れによる乾燥肌、敏感肌、アレルギーです。

私たちにとっての健康とは「恒常性（ホメオスタシス）の維持」です。**恒常性とは成分や濃度や温度を一定に保とうとするバランス（平衡、つりあい）**のことですが、乾燥や紫外線などのストレスを受けて体内の成分や濃度のバランスが変化すると、神経系・内分泌系・免疫系が反応し、呼吸器・循環器・内分泌器が活性化し、元の状態に戻そうとします。反応の大小は変化の大きさによって変わります。小さくずれれば小さく戻そうとし、大きなストレスが予測されれば大きな反応が生じます。そして少しずつ時間をかけて元の成分バランスを取り戻します。

化学ではこうした成分バランスを保とうとする作用のことを「化学平衡」と呼び、とても重要な学問分野になっています。「化学平衡」という言葉は日常生活ではあまり目にしませんが、実は人類の歴史を変えたと言えるほどの大発見です。中世ヨーロッパの錬金術師たちがなんとなく宝探しのような感覚で扱っていた化学反応を、一気に近代化学に押し上げた画期的な「新発想」です。農作物の窒素源（肥料）はそれまで糞尿に頼りがちでしたが、化学平衡の発見によって「化学反応は精密にコントロールできる」ことが分かり、ドイツの化学者フリッツ・ハーバーとカール・ボッシュが肥料に欠かせないアンモニアの大量生産条件を発見し、農作物の収穫率が急激に増大しました。当時の人々に与えたインパクトは「空気からパンを作る」と言わしめたほどです。彼らはこの「ハーバー・ボッシュ法」によってノーベル賞を受賞し、いまでも私たちの食生活を支えています。

それほどすごい「化学平衡」の概念ですが、スキンケアに当てはめて考えられることはあまりありません。

「化学平衡」とは具体的にどのような現象や状態のことでしょうか。小学校では平衡感覚を養うために平均台の上を歩きますが、ロボットのように完全にまっすぐ進む人はまれで、通常は左右に一定の間隔で揺れながら前に進みます。肌の中で起きている生体反応も本質的には同じであり、左右両方向の反応が常に同じ反応速度で起きているため、結果的に安定しているように見えています。これが実際に肌の中で起きている化学平衡であり、化学反応における平衡状態です。

肌の平衡感覚

平均台の上でふらふら揺れながら歩いている人を想像してみます。横からちょっと押してやりたくなる衝動に駆られますが、私たちの健康も実は同じ位不安定なものです。しかし逆に言えば常に柔軟に揺れているからこそ急な変化にも対応できます。体が柔らかければ怪我をしないわけです。

下の化学反応式は血中のCO_2濃度の変化を表したものです。右にも左にも反応が進むことができる「可逆反応」です。血中のCO_2濃度は常に約40㎜Hgに保たれており、化学平衡状態にあります。

しかしその濃度で反応がぴったり止まっているわけではなく、右への反応と左への反応が同じ速度で起きているため結果的に一定の濃度に保たれているように見えています。良く言えば柔軟な、悪く言えば変化しやすい化学反応で

$$CO_2 + H_2O \rightleftarrows HCO_3^- + H^+$$

す。化学平衡は教科書でつぎのように表現されます。

「可逆的な化学反応において、正反応と逆反応の反応速度が等しくなり、見かけ上反応が止まったように見える状態。温度や圧力などの外的な条件が変わると、正逆どちらかの反応が進み、新たな平衡状態になる。」

　新たな平衡状態が健康時の平衡状態とずれていれば、肌荒れが慢性化することになります。心地よい平衡状態に戻すためには外部要因を取り除いたり、不足した成分を補ってあげる必要があります。しかしこれがなかなかうまくいきません。理由は二つあります。一つ目は成分の種類です。どの成分が不足しているのかについて私たちの自己判断はたいてい間違っています。補う成分が不十分であれば、平衡状態はなかなか元に戻りません。二つ目は成分の量です。つい補いすぎてしまったり、つい取り除き過ぎてしまったり、力加減をよく間違えます。

　一つ目の成分の選定に関する対策は比較的単純です。結論から言えば肌が荒れているときほど、バランスの取れた新鮮な食生活を守るべきです。私たちの身体は「たんぱく質のデパートメント」と呼ばれるほど無数のたんぱく質によって構成されていますが、その数は10万種類を超えます。特に活性たんぱく質やビタミン類など、時間と共に失われる成分が体内で果たしている役割は重く、レトルト食品では補えませんし、マルチビタミンでも不十分です。肌が荒れると、サプリメントや特殊な食材に頼りがちですが、自己診断によるほんの数種類の栄養成分で補えるほど事態は単純ではありません。そのためサプリメント商品には「バランスのとれた食事を基本に」と明記されています。疲れているときほど新鮮でバランスのとれた食事を心がけ、その上でサプリメントと組み合わせれば、不足成分については万全です。

しかし深刻なのは二つ目の力の入れ加減です。

――力はもろ刃の剣

美容業界では美肌力や免疫力など、力というワードが目立ちます。まるで力をつければつけるほど美しく健康になれるかのような表現です。しかし平衡感覚において力の入れすぎが禁物なのは、平均台を渡る時と同じです。むしろ肩の力を抜いてリラックスしていなければ体の平衡は保ちにくいし、力加減も分かりません。

16世紀に活躍した化学者であり毒性学の父とも呼ばれるパラケルススは「服用量が毒を作る」(The dose makes the poison.)という名言を残しています。「すべてのものは毒であり、毒でないものなど存在しない。その服用量が毒であるかどうかを決めるのだ。」これは現代科学の視点からも正しい表現です。栄養もとりすぎれば毒になります。安全な印象のある鉄分も過剰摂取によって中毒を起こし、腹痛、嘔吐、下痢などを起こします。水ですら摂り過ぎは低ナトリウム血症という中毒を起こします。水を「DHMO」(Dihydrogen Monoxide(H_2O)、一酸化二水素)と正式な命名法で言い換えて注意を促すジョークもあるほどです。

免疫システムも「もろ刃の剣」です。免疫細胞が強すぎると自分まで攻撃してきます。近年の研究から免疫系にはアクセルとブレーキがあることが分かっています。体内に取り込む栄養成分まで異物と判断してしまうと私たちは生きていけません。取り込むべき栄養成分は異物とみなさず受け入れる作用が免疫系のブレーキであり「免疫寛容」と呼ばれます。アクセルとブレーキのバランスによって免疫系は正しく機能します。そのバランスが崩れれば、外部の異物(アレルゲン)に対して過敏になり、敏感肌の状態を生み出します。

肌の調子について私たちはもっともっとリラックスすべきです。**サプリも野菜食も肉食も、偏りすぎは力の入りすぎにつながります。**栄養上の考える栄養バランスや、古来からの食生活は、長年の経験でつかんだ平衡感覚です。

肌センサー

私たちは悩みがあるときに手を見つめたり、両手で顔を覆ったりしますが、この仕草はもしかしたら本能的に肌の内側からの信号を探っているのではないかと感じることがあります。手の肌を、ちょうど機械のセンサーのようにして体内からの信号を捉えようとしているのではないでしょうか。**実際に肌荒れは体内で重篤なトラブルに発展する前に知らせてくれる貴重なサインです。**肌は心地悪さを知るセンサーであると同時に、心地よさ(最適な平衡状態)を知るセンサーでもあります。日頃の忙しさに追われて、こうした肌の内側からのサインを見落としがちですが、リラックスさえしていれば肌の信号をより早くより正確に察知することができます。**平衡感覚が美容のすべてと言っても過言ではありません。**

私は高校から大学時代にかけてアトピー性皮膚炎でした。ひどい時は腕を伸ばせないこともあり、首や手足の関節部分をタートルネックや長袖シャツで隠して生活をしていました。勉強や友人関係にひどく悩んでいた時期でした。社会人になっても軽いアトピーは続きましたが、ストレスの排除を積極的に行うようになってから改善が進みました。個人的に特に効果があったのは飲み会をすべて断り、睡眠時間を確保することでした。その後、肌の調子は安定しましたが、化粧品を開発するようになった時にしばらくして、自分の体を使ったアトピー性皮膚炎の再現実験を行いました。あまり褒められた実験ではないのですが、使用したのは「一般的な保湿クリーム」「栄養成分の豊富な保湿クリーム」「ワセリン」「ステロイド軟膏」です。その結果、発症後の炎症はステロイド軟膏でなければ克服することは難しいのですが、炎症が治まった後は一般的な保湿クリームやワセリンで平衡状態への復帰が可能でした。ステロイド軟膏はとかく悪者にされがちですが、ステロイドが悪い、自然由来が良い、ではなく、**症状に合わせて柔軟に使い分けるバランス感覚**が大切であることがわかりました。

第6節 常在菌

――肌から飛び出してみる

筋肉と肌細胞だけでなく、腎臓と心臓、肝臓と脂肪細胞など、すべての臓器は互いにメッセージを送り合い、対話をしています。脳からのトップダウン式だと思われていた人体ですが、実は横のつながりを重視するフラットな組織なのです。そうした新しい臓器間ネットワークのイメージからすると、**肌細胞と常在菌の間にも何らかの対話があるのではないか**、と考えたくなります。常在菌は人体から言えば部外者なのですが、肌細胞にとってはもっとも身近なかけがえのない協力者です。彼らの間にも同じような対話があると考える方が自然ではないでしょうか。

常在菌は皮膚や口、腸内など私たちの身体の表面に住み、保湿や感染予防などの恩恵をもたらしてくれます。彼らの数は膨大で、腸内には１００兆個以上、皮膚には１兆個以上住んでいると言われています。皮膚には主に、表皮ブドウ球菌やプロピオン酸菌などが住んでいます。彼らは私たちに恩恵を与える代わりに皮脂などの栄養成分を得て生活しています。具体的には肌細胞が分泌する皮脂をグリセリンと脂肪酸に分解し、常在菌自身にとって住みやすい環境を作っています。グリセリンによって適度な水分率に保湿し、脂肪酸によって弱酸性に保つことで病原菌の増殖を防いでいます。これは肌細胞が求めている肌質とぴったり一致します。**常在菌と肌細胞はまさに一体となって肌環境を整備しています。**それは肌の上のミクロな社会ともいうべきもので、彼らの関係性を理解することは、スキンケアの本当の姿を理解することになります。

実際に外部の協力者とコミュニケーションをとりあう例として「菌根菌《きんこんきん》」が有名です。植物の根にも多くの菌が住んでいますが、内部にまで菌が住み着いている根のことを「菌根」と呼び、住んでいる菌のことを「菌根菌」と呼びます。菌根を作る菌だから菌根菌です。菌根菌は根の内部から土の中へ菌糸を伸ばして土の養分を木へ供給し、その代わりに木は菌根菌に栄養成分を与えます。いわゆる「相利《そうり》共生《きょうせい》」の関係です。また菌根菌は肌の常在菌のように木を病原菌から守る働きもあります。さらに森の木々は菌根菌を介して互いに対話しているのではないかと考える学者もいるほどです。

以前はこうした話を読みながら、植物はとても奥深い、と感心していましたが、すぐ目の前の自分の肌の上にも同じような菌とのコミュニティがあることはあまり意識していませんでした。しかし、たしかに私たち自身も菌を通して自然界とつながっています。当たり前のことなのかもしれませんが、つい忘れがちな事実です。

そのように考えるとこれまで自身の身体の内側だけに向いていた健康への目線が、外側へと広がっていきます。人間が宇宙に飛び出して地球の外から地球を眺めるように、スキンケアも肌の上から飛び出して外から眺めると、その全体像が見えてきそうです。たとえば私たちの食事はどこかの人の手や植物の活動によって作り出された栄養であり、その代わりに私たちが排せつする物はどこかで微生物の健康に役立つべきものです。食事のおいしさは、それを作ってくれた誰かの健康的な活動のおかげであり、排せつ物がにおうのは、土に埋めて微生物に届けたくなる衝動です。お互いの健康はお互いの健康につながっています。

――悪玉菌は本当に悪か

そうしたお互いのつながりのことを私たちは「生態系」と呼んでいます。それは人体の仕組み以上に複雑で、無数の生物たちの平衡状態であり、平均台の上でゆらゆらしていますが、柔軟にバランスを取っています。その**絶妙な生態系バランスの立役者が、じつは少数派である「悪い（と思われている）者たち」**です。

たとえば私たちの腸内に住む細菌の約10％は悪玉菌です。しかし、腸内の調子が悪くなるのは悪玉菌だけのせいなのでしょうか。たしかに悪玉菌（ウェルシュ菌、ブドウ球菌、大腸菌など）が増えすぎると腐敗が進み、腸内がアルカリ性に傾いてしまいます。その結果、便に腐敗臭がしたり、腸壁が荒れ、病原菌の侵入を許してしまいます。しかし腸内細菌の理想的なバランスは、善玉菌：悪玉菌：日和見《ひよりみ》菌＝2：1：7と言われています。つまり、悪玉菌が10％いなければ理想的ではないという、悪と呼んでいいのか分からなくなる話です。実際に悪玉菌も他の菌と協力して病原体を攻撃するなど、一概に悪と呼べない側面があることも分かってきました。善玉菌だけではすべての問題に対処できません。結局はバランスの問題であり、そのバランスを絶妙に維持しているのは少数派である悪玉菌です。そのため悪玉菌を取り除くという勧善懲悪的な考え方ではなく、あくまでもバランスを取り戻すために必要なものは何かを考える必要があります。とくに腸内環境は人によって千差万別ですので、正解は人それぞれです。無理やり悪玉菌を殺菌したり排出するような方法論ではなく、ゆっくりと自分に合ったバランスを取り戻す食事療法が重要です。そのため医師のアドバイスも「腸に良いと感じた食事を長く続けてください」といった表現になります。

デトックスという言葉もよく美容業界で耳にします。確かに重金属類や病原性の細菌やウイルスなど、摂り込むべきではない成分はあります。しかし免疫系が健康であれば、そうした成分は普段の生活で十分排せつされるものです。多量に水を飲んだり、多量に汗をかく必要はありません。ましてや不当に高額な浄水器やフットバスを購入する必要もまったくありません。そのような小手先の方法よりも、人体の仕組みの方がずっと高度です。免疫系を信頼して時間をかけて体調を整えるべきです。

ニキビの原因とされているアクネ菌も悪い菌のようなイメージがありますが、こちらもそもそもの原因は私たちの生活や体調のバランスの崩れです。生活習慣の変化やストレス、糖分や脂質の摂りすぎによって過剰に分泌された皮脂が毛穴を塞いでしまうことが原因です。その結果として毛穴に閉じ込められたアクネ菌が過剰に増殖することによって、ニキビが表面化するわけですが、アクネ菌から言わせれば「私たちは何もしてない、ただ、出口が無くなったから」ということになります。またある報告によれば、ニキビが成長して破裂する現象は、アクネ菌の産生する酵素によるものであることがわかっています。もしかするとアクネ菌は、人間自身が塞いだ毛穴を酵素によって溶かして開き、元に戻そうとしているだけなのかもしれない、と考えることもできます。

双方向のスキンケア

常にぴったり寄り添ってくれているもっとも近い友人とも言うべき常在菌の姿を目で見ることができないのはとても残念ですが、一つ面白い論文があります。それはキスという行為は相手の魅力的な微生物バランスの獲得が目的なのかもしれないという興味深い仮説です。つまり魅力的に見える唇というのは、相手の唇の上に理想的な微生物バランス(マイクロバイオーム)を感じているのではないか、というのです。

地球上で生活している生物の分布を「バイオーム」と呼びます(図参照)。各地の気候と地質に順応した特定の生物がそれぞれ分布しているため、図のようにきれいなマップを描きます。同じように私たちの体にも各部位の肌質に順応した特定の常

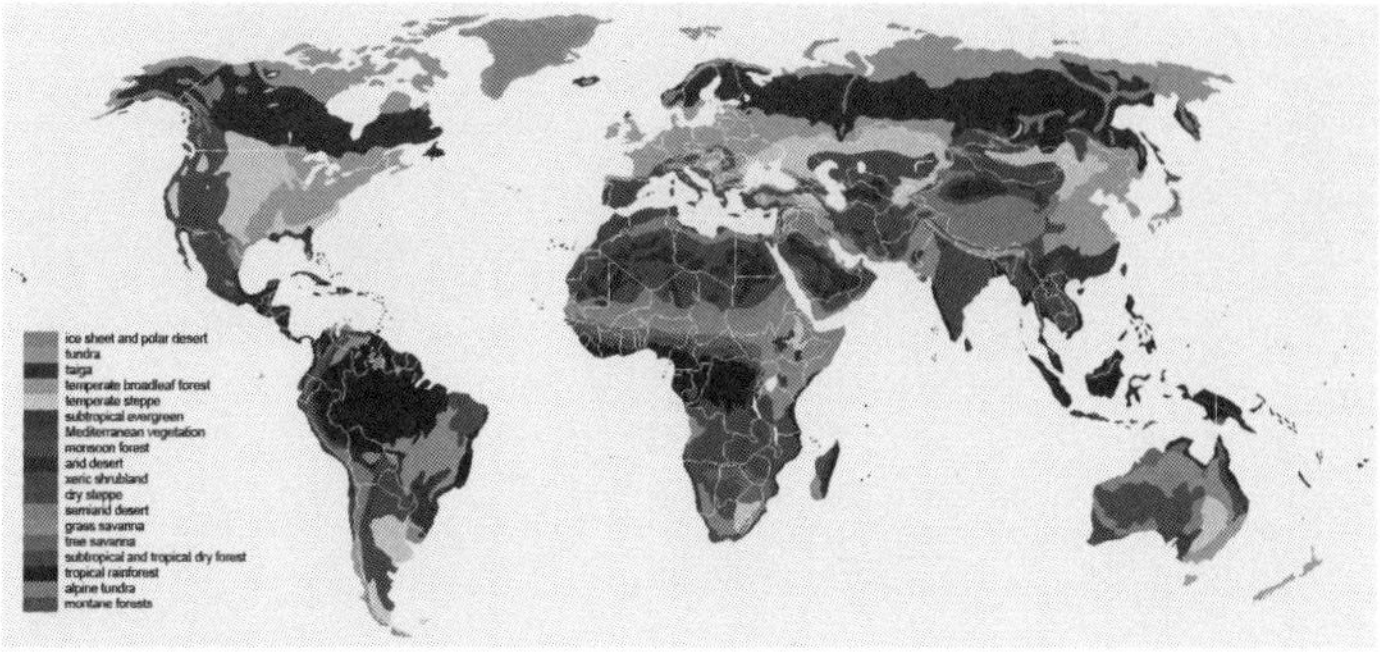

地表の生物群系(バイオーム)マップ

(Ville Koistinen (user Vzb83), CC BY-SA 3.0 <http://creativecommons.org/licenses/by-sa/3.0/>, via Wikimedia Commons　元画像はカラー)

在菌が分布しており、これをマイクロバイオームと呼びます。耳には耳を好む常在菌が、そして唇には唇の環境を好む常在菌が独特なマップを作っています。

唇に住む常在菌はプロピオン酸菌とコリネ微生物群、およびその他の放線菌群です。常在菌のバランスが崩れると、黄色ブドウ球菌やヘルペス、カンジダが増殖し、口角炎や口内炎を起こします。しかし健康なバランスが保たれていれば、理想的な保湿成分(グリセリン、脂肪酸、乳酸など)が生産され、角質層が整えられ、健康的に見えるようになります。

常在菌バランスを崩す主な要因は、ビタミン不足、酸化ストレス、唇の舐めすぎによる皮脂の減少などです。そのため保湿成分や乾燥を防ぐ油脂が配合されたリップクリームを塗ることになりますが、そもそもの原因は常在菌のバランスの崩れですから、常在菌に元気になってもらわなければ根本的な解決になりません。そこで私は、保湿成分やビタミンだけではなく、アミノ酸、カゼイン、オリゴ糖、ミネラルなど、常在菌に必要な栄養バランスに着目したリップクリームを、2017年にコヤナギユウ氏と開発しました。

ヨーグルトなどで生きた菌を摂取する「プロバイオティクス」に対して、菌のための栄養を摂取することを「プレバイオティクス」と呼びます。「プロ」は「共に」、「プレ」は「前もって」という意味があります。私たちが開発したリップクリームはプレバイオティクスにあたります。そして最近では、菌の摂取と菌の栄養を両方バランスよく摂取する「シンバイオティクス」が話題になっています（「シン」は「一緒に」という意味）。具体的にはヨーグルト（生きた菌）にハチミツ（オリゴ糖＝菌のための栄養）をかけて食べることなどです。宿主（自身）と常在菌の双方の健康を考えれば、シンバイオティクスはとても理想的な考え方です。実際にシンバイオティクスは感染症の予防や炎症の抑制などで成果を上げつつあります。

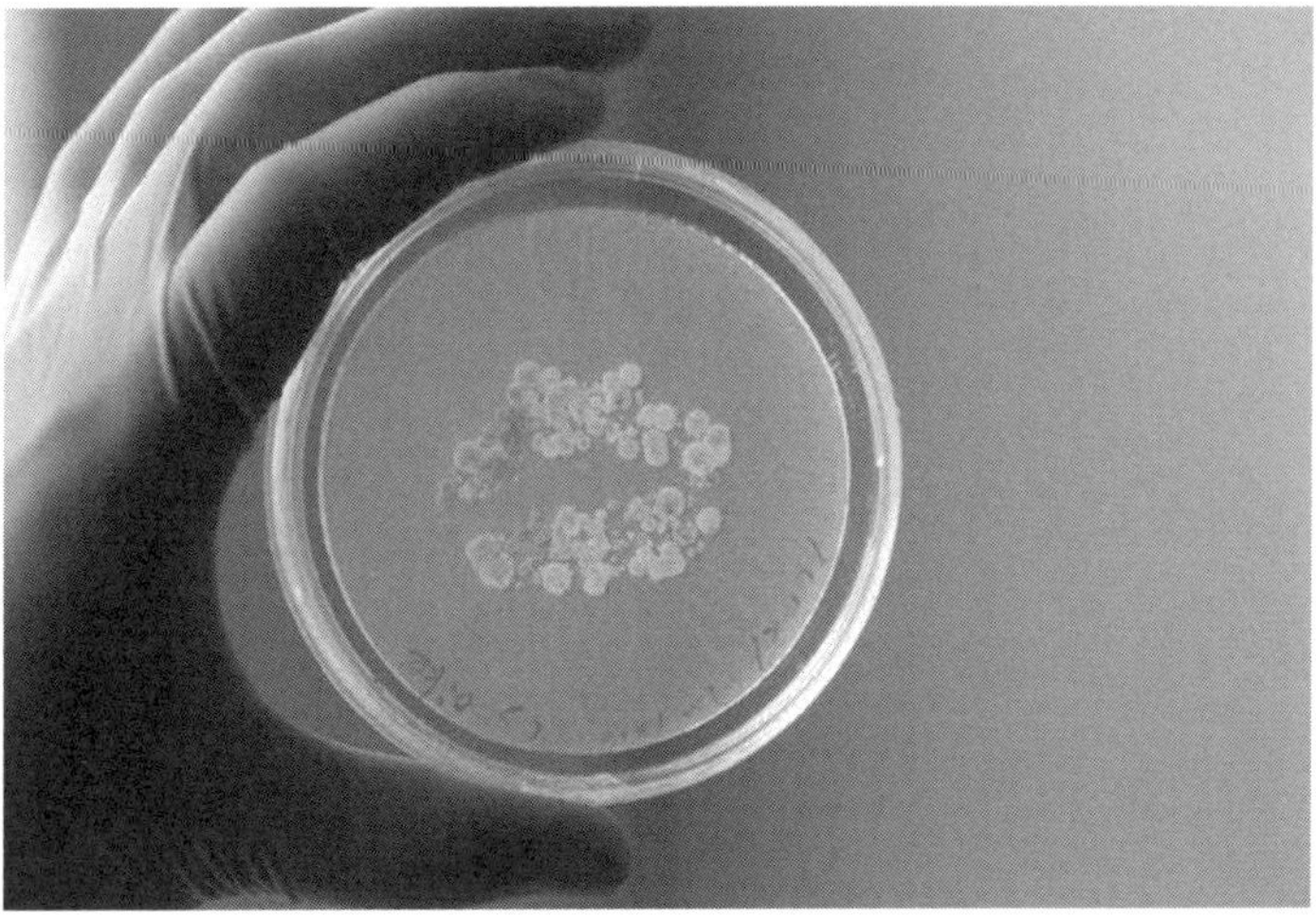

常在菌のためのリップクリーム開発時に育てた唇の常在菌

第2章 スキンケアの科学——何のためにしているのか

第1節

起床――美しさには「スイッチ」がある

――睡眠と美肌の関係

厚生労働省の調査によると日本人の5人に1人は睡眠に問題を抱えており、それが生活習慣病の大きな原因となっています。質の高い睡眠が肌の健康に欠かせないことは経験的にもよく分かりますが、具体的に睡眠と健康がどのように関係しているのかについてはうまくイメージできません。

それは学術界でも長年不明だったのですが、2017年に筑波大学の研究チームが睡眠と代謝の関係について詳細なデータを公表しました。

筑波大学国際統合睡眠医科学研究機構(WPI-IIIS)の萱場《かやば》桃子研究員らの研究によって、睡眠とエネルギー代謝に密接な関係があることが分かり、**睡眠不足が代謝疾患や肥満に関係している**ことが明らかになりました。

睡眠不足による代謝の乱れは真っ先に肌荒れに表れます。肌を良くするには代謝を良くしなければならない。代謝を良くするには睡眠の質を良くしなければならない。しかし問題は私たちの生活時間が限られていることです。

限られた時間の中でなんとか睡眠を改善するヒントをつかみたい。そのためにも筑波大学がようやく明らかにした睡眠の複雑なメカニズムをもう少し詳しく見てみたいと思います。**私たちもよく知るレム睡眠などが実際にどのように肌の代謝に関係しているのでしょうか。**

――起床前の不思議なイベント「プチ断食」

ヒトの睡眠はレム睡眠とノンレム睡眠に大きく分けられることが知られていますが、じつはさらに細かな睡眠ステージに分けられます。レム睡眠と、複数段階のノンレム睡眠(N1、N2、徐波睡眠)です。

筑波大学の研究チームはこの睡眠ステージが代謝(エネルギー消費)にどのように影響を与えているのか明らかにするため、29名の被験者の睡眠中の脳波と代謝活動の測定を行いました。

その結果、エネルギー消費量はまず寝入った直後に急速に減少し、目覚めの直前に増加していました。体が眠りについた後にエネルギー消費が少なくなるのは私たちにも理解できます。しかし研究チームが驚いたのは、**目覚めの直前にエネルギー消費量が増加していた**ことです。

起床の準備だと考えれば代謝量が増加することも何となく理解できそうな気がしますが、起床前は何時間も食べ物を口にしていない時間帯であり、一日でもっとも激しい飢餓状態です。飢餓状態に代謝量を上げることは生命活動としてはリスクです。寝起きに十分な活動ができなくなるような事態も考えられるからです。研究チームは飢餓状態における代謝量の増加に驚くコメントを残しています。専門家にとっても不思議で興味深い発見だったのです。

もしかしたら私たちの健康の維持には定期的な飢餓状態が必要なのではないでしょうか。ラマダンほどのものではなくとも、私たちは毎日数時間のプチ断食を繰り返しているのかもしれません。代謝を健康的に回すために。

それはまるで**健康な一日を始めるための最初のリセットスイッチ**のようです。そのスイッチをしっかりと押すためには何に気を付ければいいのでしょうか。

睡眠導入ホルモンと若返りホルモン

睡眠のリズムの乱れは体内時計の乱れです。

ヒトの体内時計は最新の研究によると24時間11分です。たった11分のズレですから、かなり高精度な時計が体内にあると思っていいでしょう。高精度な時計ですから、数時間も夜更かしすればすぐに狂い始めます。

体内時計は内分泌系に密接につながっています。内分泌系とはホルモンを分泌して体の機能や調子を整える器官で、甲状腺や副腎、卵巣などです。

夕食は就寝の2〜3時間前に摂った方がよいとされていますが、それは就寝には私たちが思っている以上に時間がかかるからです。まず就寝前にメラトニンと呼ばれる睡眠導入ホルモンが分泌され、その働きで少しずつ脈拍、体温、血圧を下げ、入眠の準備を始め、交感神経から副交感神経への移行が進みます。

そして就寝後2〜3時間後に成長ホルモンが分泌されます。成長ホルモンと聞くと成人後にはあまり関係がないように感じますが、実は**この成長ホルモンが細胞の修復や疲労回復に深く関わっています**。いわゆる肌の「ターンオーバー」に直接かかわる成分こそが成長ホルモンであり、専門家の間では「若返りホルモン」と呼ばれているほど重要な成分です。

しかし朝食を抜いたり過度に動物性食品を避けてしまうと、たんぱく質摂取量が少なくなり、内分泌系を回すための材料が足りなくなります。実際に朝食を抜く日が多い人はレム睡眠とノンレム睡眠のリズムが不規則になることが分かっています。

体内時計を動かす栄養素をしっかり摂り、就寝前にメラトニンを分泌し、睡眠中に成長ホルモンを分泌し、プチ断食を経て、起床する。睡眠のリズムを理解すると、生活改善できる部分が見つかりそうです。

——できるところから睡眠改善

気持ちの良い起床を目指して質の良い睡眠のステップをまとめます。

気持ちよく就寝するため、たんぱく質豊富な夕食を8時までに摂ります。動物性食品がメインディッシュのディナーは理に適っていると言えます。理想的には、炭水化物50%、たんぱく質20%、脂質30%くらいが目安になります。また唐辛子(カプサイシン)などの体温を上げる料理も効果的です。

その結果、睡眠導入ホルモンが分泌され、正しく就寝できれば、正しく成長ホルモンが分泌されます。肌細胞が修復され、疲労が抜け、プチ断食を経て起床できれば、「ぐっすり寝た感」を味わうことができます。

しかし春眠暁を覚えず。温かい寝床から出るのは辛いものです。そのためカーテンはぜひ外光を通すミラーレースカーテンにして、部屋のなかに朝の光をたくさん採り入れるようにします。そして朝の光を目の奥の網膜に一杯浴び、洗顔で寝起きの素顔に水の刺激を与えてあげれば、質の良い起床の完成です。

できるところから睡眠を改善すれば、美肌の土台は着実に強固になります。

第2節 洗顔——洗うのではなく整える

——やさしい洗顔

洗顔の問題とは「洗浄剤を何にするか」ということに尽きます。泡立て方や洗い方にも工夫はありますが、直接肌に接触し汚れに吸着するのは洗浄剤ですので、その選び方によって肌への負担と将来の肌質が変わってきます。

弱アルカリ性とかきめ細やかな泡立ちとか、さまざまな特長の洗浄剤がありますが、じつはこの洗浄剤選び、私の中に一つの結論があります。それは**純石鹸**です。顔の洗浄では純石鹸がベストなのではないかと感じています。洗顔料において純石鹸はむしろマイナーですので意外に感じるかもしれません。そもそも落ちにくいメイクにはそれに合ったクレンジングが必要ですから、クレンジングだけで洗顔を終わらせている方もいらっしゃると思います。

しかし「一日の汚れを落とす」基本的な洗顔では純石鹸がベストだと確信しています。クレンジングは肌に吸着しやすいのでぜひ純石鹸でのダブル洗顔をお勧めします。

純石鹸をここまで強調するのは、洗顔フォームの開発を進めていくなかで気がついた「肌へやさしくする条件」のほとんどが純石鹸の洗浄メカニズムにつながったからです。ですから話を突き詰めればメカニズムの話であって、純石鹸に固執しているわけではありませんのでその点はご安心いただきたいのですが、純石鹸の古くて新しい洗浄メカニズムには驚くべき事実がたくさんあったのです。

これは私自身がアトピー性皮膚炎だったことも関わっていますが、それ以上に学術的な理由があります。その理由は、肌をいたわるとはどういうことなのか、に直結します。

――純石鹸がやさしい理由

純石鹸のやさしさについて、しばしば「天然成分だから」「自然由来だから」と表現されることがあります。とくに美容業界では自然由来や天然素材がもてはやされていますが、自然由来かどうかは肌へのやさしさにあまり関係していません。

たとえばファンデーションはかつて自然由来の鉛白という白色の顔料が使われていまし

た。しかし害があるため精製タルクや合成の酸化チタンが開発されました。一方多くの医療機関は保湿用の油として、化成品の精製ワセリンをもっとも信頼しています。**自然素材は不純物によるアレルギーが否定できない**からです。

たとえば美しい山の澄んだ湧き水でさえ大腸菌が含まれていることがあります。私も見た目がきれいであればすくって飲み「おいしい」と自然の恵みを楽しみますが、頭の片隅では上流で動物がおしっこをしている可能性を排除しません。

結局、肌にやさしいものを見つけるためにはその成分の由来ではなく、**害がないかどうか、反応性が強すぎないかどうか**について調べ、肌に合うものを注意深く選ぶ必要があります。まるで人付き合いみたいです。

では純石鹸は注意深く選ばれた洗浄成分のエースなのでしょうか。

純石鹸は今からおよそ５０００年前、動物の油が焚火の灰のアルカリ成分と反応して偶然できたと言われています。人類が歴史上最初に発見した界面活性剤です。界面活性剤とは水と油を混ぜることのできる成分のことです。水と油の境目（界面）を活発に混ぜることができるので「界面活性剤」と呼びます。

界面活性剤は人間が注意深く調べて選んだわけではなく、偶然手に入れた洗剤です。それがなぜ肌にもっともやさしかったのでしょうか。合成洗剤(石油などから作られた洗剤)が食器洗いに丁度良いのは分かります。それを目的に開発されたからです。しかし純石鹼は洗顔を目的に開発されたわけではありません。見つかった時にすでにやさしかった、ように見えます。これが「天然素材だからやさしい」という誤解につながる原因です。

注意深く選んだわけではないのに、なぜ偶然やさしさの条件を満たしていたのでしょうか。あるいは私たちの肌の方が純石鹼に合わせたのでしょうか。

純石鹼がやさしい理由を3つに整理してみます。「粒子の粗さ」「泡切れのよさ」「アルカリ性との合わせ技」です。

――理由❶ 粒子の粗さ

純石鹼には2種類あります。脂肪酸ナトリウムと脂肪酸カリウムです。アルカリ成分がナトリウム(Na)なのかカリウム(K)なのかの違いだけですが、形態は大きく異なり、Naが固形、Kが液状です。脂肪酸Naが昔ながらの白い固形純石鹼です。脂肪酸Kの方はいわゆる「洗濯用純石鹼」と呼ばれるもので、しばしばシャンプーにも使われます。

脂肪酸Kは液状のため線維の奥の方にも入っていけるので洗濯石鹼に向いています。しかし肌に使うと毛穴の奥の皮脂まで取り除いてしまい肌のつっぱりを感じます。ややツンとする香りも肌石鹸としては敬遠される理由です。いっぽうで**脂肪酸Naは固形**ですので粒子が粗く香りも弱く、肌にとってほどよい洗浄力になっています。

このやさしさについては「使ってみて、調べて、選んだ」結果と言えます。

――理由❷ 泡切れのよさ

インターネット上でしばしば「合成の界面活性剤は避けましょう」とか「自然素材の純石鹸を選びましょう」といったような表現をみかけることがあります。合成洗剤は合成だから悪くて、純石鹸は自然素材だから良い、という風に聞こえます。しかし純石鹸も立派な「合成の」界面活性剤です。油脂とアルカリから化学合成で作られます（薬機法などでは「石鹸」と「合成洗剤」「合成界面活性剤」を区別していますが、それは単なる呼び名にすぎません）。

では純石鹸と合成洗剤は一体何が違うのでしょうか。

界面活性剤の化学構造をもっとも単純に表現すると次の図のようになります。分子の右端の一部が離脱してイオン化しています。

右側のイオン化部分は水となじみやすい部分で親水基と呼ばれます。左側のCの鎖はいわゆる油で親油基と呼ばれます。ですので界面活性剤は水と油の両方になじみ、両者を混ぜてエマルジョン(乳剤)にすることができます。これが**油汚れを水で洗い流すことができるメカニズム**です。

人類が最初に手に入れた合成の界面活性剤である「純石鹼」(脂肪酸Na石鹼)は弱酸系の界面活性剤と呼ばれますが、それは脂肪酸が弱酸だからです(弱酸と強アルカリの塩《えん》)。弱酸系の界面活性剤は水道水中のカルシウムイオンなどの金属イオンと次々と結合し、洗浄力を失います。洗浄力を失うと、皮膚の油分にそれ以上吸着できなくなり、すっきり洗い流すことができます。これがいわゆる「泡切れ」です。

この純石鹼の洗浄力は肌にはちょうど良かったのですが、「食器用洗剤」には弱すぎました。

そこでより強い界面活性剤が求められるようになり、強酸系界面活性剤が生まれました。下の図は代表的な合成界面活性剤である「ラウリル硫酸ナトリウム」です。右端が硫酸イオンになっています。硫酸は強酸です。

硫酸イオンは常にイオンの状態でいつづけようとしますので、金属イオンが大量に流れてきても安易に結合せず、洗浄力を失うことがありませ

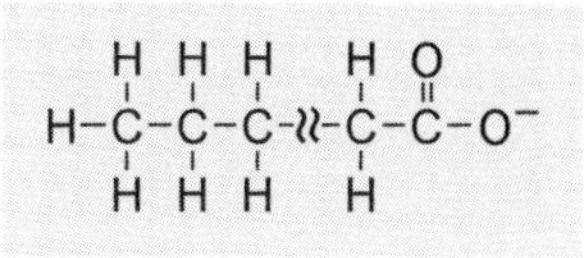

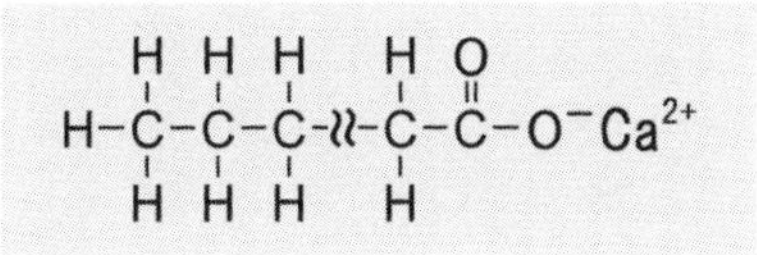

ん。これはいまでも日常生活を支えている偉大な発明ですが、肌に使うには強すぎます。

　ところがそれに気が付くのには時間がかかりました。なぜなら、ラウリル硫酸ナトリウムは大量生産されて安価になり、手に入れやすくなったからです。しかも液状にしやすいので、いろいろな成分を配合して幅広い商品開発ができます。メーカーは洗浄力も吸着力も大きい強酸系界面活性剤で肌がつっぱらないように保湿剤を配合し、安い液状ソープを開発しました。

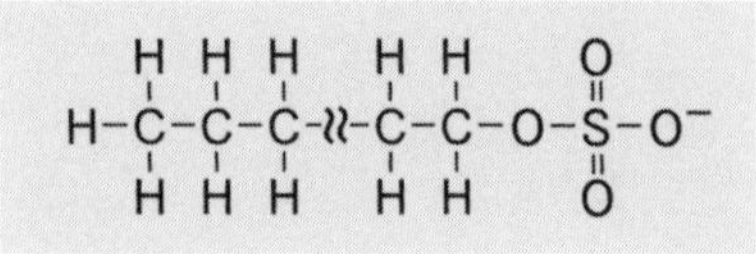

　しかし私たちにとっては、お湯ですすいでも残ってしまうぬるぬる感が、保湿剤によるものなのか界面活性剤によるものなのか分かりません。肌に残った強い界面活性剤は当然、皮膚細胞に悪影響を与えます。また流し口から自然環境に放出された界面活性剤も、強力に作用し続けます。

　しかし純石鹸の適度な洗浄力は、すっきりした泡切れを生み、肌に残りません。肌に適度な油分を残してくれるので、新型コロナウイルスにおいても国連や政府は繰り返しの手洗いに「純石鹸」を推奨しました。事前に流水や温水で手の垢（金属イオン）の元になる垢を洗い流し、純石鹸の洗浄力を補うなど工夫した手洗いを求めました。

理由❸ アルカリ性との合わせ技

純石鹸は、弱酸の脂肪酸と、強アルカリのナトリウムが結合した「塩《えん》」です。そのため純石鹸自体はアルカリ性です。

「アルカリ性」と聞いてどんなイメージを持たれるでしょうか。「ぬるぬる」するイメージを持たれた方も多いでしょう。弱アルカリ性の温泉に入ったときの経験からでしょうか。ハイターなどの次亜塩素酸系洗剤がぬるぬるするのも、アルカリ性によるものです。

アルカリ性がぬるぬるするのは、たんぱく質や油を溶かす作用があるからです。学術的には加水分解と呼ばれるもので、たんぱく質汚れや、油分がアルカリによって小さな成分にバラバラに分解され、水に溶けやすくなります。これがアルカリによる洗浄効果のメカニズムです。

一方、合成洗剤は界面活性剤だけで強い洗浄力を実現しています。そのため界面活性剤の洗浄力を強くしなければならず、吸着力が強くなるため肌に残りやすくなります。

そのように考えると、純石鹸の弱い界面活性剤とアルカリ性の洗浄力の合わせ技は合理的です。**アルカリで古いたんぱく質（角質）や皮脂を溶かしながら、弱い界面活性剤で洗い**

流し、良い頃合いでさっと流水ですすぐことで洗浄を止めることができます。

食器用洗剤によく用いられる中性洗剤はアルカリによる手荒れを気にして開発されたものですが、純石鹸のアルカリははたしてそこまで気にする必要があるのでしょうか。

肌には「アルカリ中和能」という便利な機能があります。肌に住むたくさんの常在菌が皮脂を分解して、天然の保湿成分である脂肪酸を作ってくれています。そのため肌自体はもともと弱酸性ですが、アルカリ性の洗浄剤を使うことでアルカリ性に傾いても、すぐに弱酸性に戻すことができます。しかも弱アルカリ性による適度な洗浄は皮脂や天然保湿成分を常に新しくする働きもあります。

純石鹸の弱アルカリ性はこれまでの二つのやさしさ「粒子の粗さ」「泡切れ」以上に、肌のメカニズムにぴったりとはまっています。天然由来であるはずの純石鹸が人間の体質にここまではまっているのは、ちょっと「うまくいきすぎている」と感じるくらいです。おそらく長い長い年月をかけて、人間の体質のほうがこの洗浄に順応してきたのかもしれません。逆に言えば順応できる程度の弱いアルカリ性だったというふうにも表現できます。

身体を清潔にするために使いはじめた最初のころは、純石鹸のアルカリ性も肌にはやや厳しいものだったでしょう。古代人はややひりひりする肌をさすっていたかもしれません。しかし長い歴史の中で徐々に順応していきました。その結果、アルカリの反応性によって皮脂量を調節できるようになり、常在菌による皮脂の分解速度も調整幅を合わせるようになったと考えることができそうです。

——いつでも洗浄を止められる

肌が分泌する皮脂は一言で言えば油ですが、学術的にはトリグリセリド、ワックスエステルというものが主な成分です。前述のとおり皮膚にいるたくさんの常在菌によって脂肪酸やグリセリンに分解され、肌に最適な天然保湿成分になり、皮脂膜として肌の表面に広がります。

皮脂の分泌量が多すぎたり、洗浄が十分でなければテカリになるわけですが、洗いすぎると逆に皮脂の分泌量が増えてしまいます。「適度に洗えばよい」ということになるのだと思いますが、**自分にとっての適度はどの程度なのか**明確にはわからないものです。おそらくそれは、季節や年齢によっても変わりますので、「肌と相談しながら」日常の経験で見つけるしかないのでしょう。

ということは、やはりもっとも使いやすいツールは純石鹸になりそうです。

私たちは洗浄をつい「油を落とす」「汚れを落とす」と考えてしまいますが、テカリにとってはむしろ「**適度に残す**」**ほうが重要**なわけですから、「洗浄をいつでも止められる」石鹸の方が使いやすそうです。

私たちが技術に対して安心感を覚えるとき、それはその技術を止められるときです。たとえばブレーキがあるから、車に安心して乗ることができます。

とはいえ、純石鹸は最初から使いこなせる相手ではありませんでした。アルカリで確認したとおり、最初はヒリヒリする使いにくい洗浄剤だった可能性が高い。最初にみつかった純石鹸は、会ったときにいきなり人間とベストフレンドだったわけではなさそうです。しかし、この技術なら付き合えそう、という予感と安心感はあったはずです。

そして5000年付き合ってきて、純石鹸に合わせる部分は合わせ、皮脂を適度に溶かして洗い流すタイミングを覚え、アルカリ中和能を身につけ、気がつくとベストフレンドになっていた。洗顔の歴史はこんなふうに続いてきたのだと思います。

こんなふうに見てくると、「洗顔」や「洗浄」はステップの一つに過ぎないことがわかってきます。洗ったあとの皮脂量のコントロールやpHのリセットなど複数のステップが続いていくことが見えてくると思います。

——肌を整える

ちょっと唐突ですが、スキンケアは美しい景観を整備することに似ています。たとえば無数の松の木が青々と茂り、海岸沿いを美しく彩る松原。これは美しい松の木がただ自生しているだけではなく、人の手によってちゃんと整備されています。羽衣伝説で有名な静岡県「三保の松原」では管理マニュアルもつくられていて、大事に維持し育てられています。

松林の整備は松葉掻きや下草刈りなどの「日常的管理」と、害虫駆除や弱った樹木のリハビリなどの「専門的管理」の二つに分かれます。これは私たちのスキンケアの日常ケアと、異常を感じた時の医療に似ています。

私たちの肌の上も、日夜皮脂や保湿成分が堆積し、その量によって不要な層ができ、時には常在菌が増えすぎたりして環境が悪化します。松林そっくりです。

コスメやスキンケアのCMでよく「時短」という言葉を聞きます。たしかに忙しい毎日に手っ取り早い方法は便利です。でも、時短というスピードが求められる作業はどちらかと言えば「専門的管理」の方であり、「医療」のイメージです。

しかし守りたいのは日常の美しさや健やかさです。そのために必要な作業は手っ取り早い「時短」ではなく、「整える」イメージです。

目的はあくまでも美しい景観を保つことであり、手段は状況と時代によって変わるはずです。そうであれば純石鹼だけに固執する必要はありません。日常的に使用しても違和感のない、肌を自然に整えてくれる洗浄剤を選ぶことが重要です。

そうした前提を踏まえた上で、肌に違和感を覚えたら、まずは信頼できる長年のベストフレンドである固形純石鹼に戻ってみるのは一つの手段だと思います。

第3節

化粧水——そもそも肌の「うるおい」とは

——そもそも肌はなぜ乾燥するのか

化粧水の目的は保湿であり、**保湿の基本は「水」**です。肌は約30〜40％の水分を保持し、10％を下回ると角質層が柔軟性を失い、シワや肌荒れの原因になります。「うるおい（潤い）」とはまさしく、肌が保持する水分の量だと「何となく理解」しています。ですので水分はたくさん摂るようにこころがけ、洗顔後はできるだけたくさんの水分を肌にすばやく届けるために急いで化粧水をつける方も多いと思います。その水を捕まえておくための保湿成分も乳液などで補充するのが王道とされていて、最後にクリームやオイルで蒸発を防ぐ方法も一般的になっています。

それなのになぜ、私たちの肌はこうも簡単に「乾燥」してしまうのでしょうか。

乾燥や保湿の基本的なメカニズムは分かっているのに、なかなか乾燥肌から抜け出すのは難しい。おそらく「何となく理解」している基本的なメカニズム以外にも、他の複数のメカニズムが関わっているからでしょう。どうして肌が乾燥してしまうかを整理すると、「体内」と「体外」の二つの環境変化に分けられます。

「体内」の環境変化とは、肌細胞の代謝の不足と活性酸素です。

「体外」の環境変化とは、空気の乾燥と過剰な保湿成分、そして防腐剤です。

体内環境が変わってしまったときは、食事に気をつけることで対処しますが、肌をとりまく体外環境が変化した場合には化粧水で改善しようとするかたが多いと思います。ですが、うるおいは体内と体外の両方からメンテナンスしていますので、化粧水だけを改善しても目的は50%しか達成できないことになります。うるおいは体内と体外の両方を考えなければうまくいきません。肌の乾燥事情を内外両面で一つひとつ確認し、それらを理解した上でベストな化粧水について考えてみます。

――体内の環境変化

体内には、自分で自分の天然の保湿成分を作るサイクルがあります。いわゆる代謝と呼ばれるものですが、食事として補給される栄養成分が肌に届き、皮脂や天然保湿成分が作られます。それに合わせて新しい細胞が外側に押し出されていきます。肌細胞の新陳代謝のサイクルは約28日と言われ、骨の場合はもっと遅く約3カ月と言われています。3カ月で体全体が入れ替わるといえるわけですから、思ったよりも速いなと感じます。

この体内環境から外側へ向かっていくサイクルは、肌の上の環境変化や常在菌の活動、そして体外の環境変化と密接に関係しています。それを図にまとめたものが次の図になります。

体内にとりこまれた水、栄養成分、ミネラルなどが補給され、それによって肌細胞が皮脂を作り、それを常在菌が分解して保湿成分を生産するサイクルが肌本来の保湿システムです。成分が何か一つでも不足すればストップするし、過剰だと乱れます。バランスが必要ですが、そのバランスは季節や年齢で変わります。

肌が乾燥していると感じると、つい高濃度の保湿成分を肌の外側から追加したくなりますが、これは「過剰成分による乱れ」につながります。

保湿成分の自己生産を促すためには、まずは外からの保湿成分をできるだけ減らす必要があります。そして毎日の食事の見直しから始めます。3カ月分の食べ物で体が入れ替わるのですから、何を体に入れるのか、それがもっとも重要であることは明らかです。

肌に限って考えると不足しがちな栄養成分はだいたい決まっており、アミノ酸のリジンとトリプトファンとメチオニン、そしてビタミンB群と脂溶性ビタミンであるビタミンA、ビタミンEです。さらに付け加えるとカリウムなどのミネラルですが、それは数ページ先で触れます。

美容では野菜食がもてはやされる傾向にありますし、たしかにビタミンは豊富で見

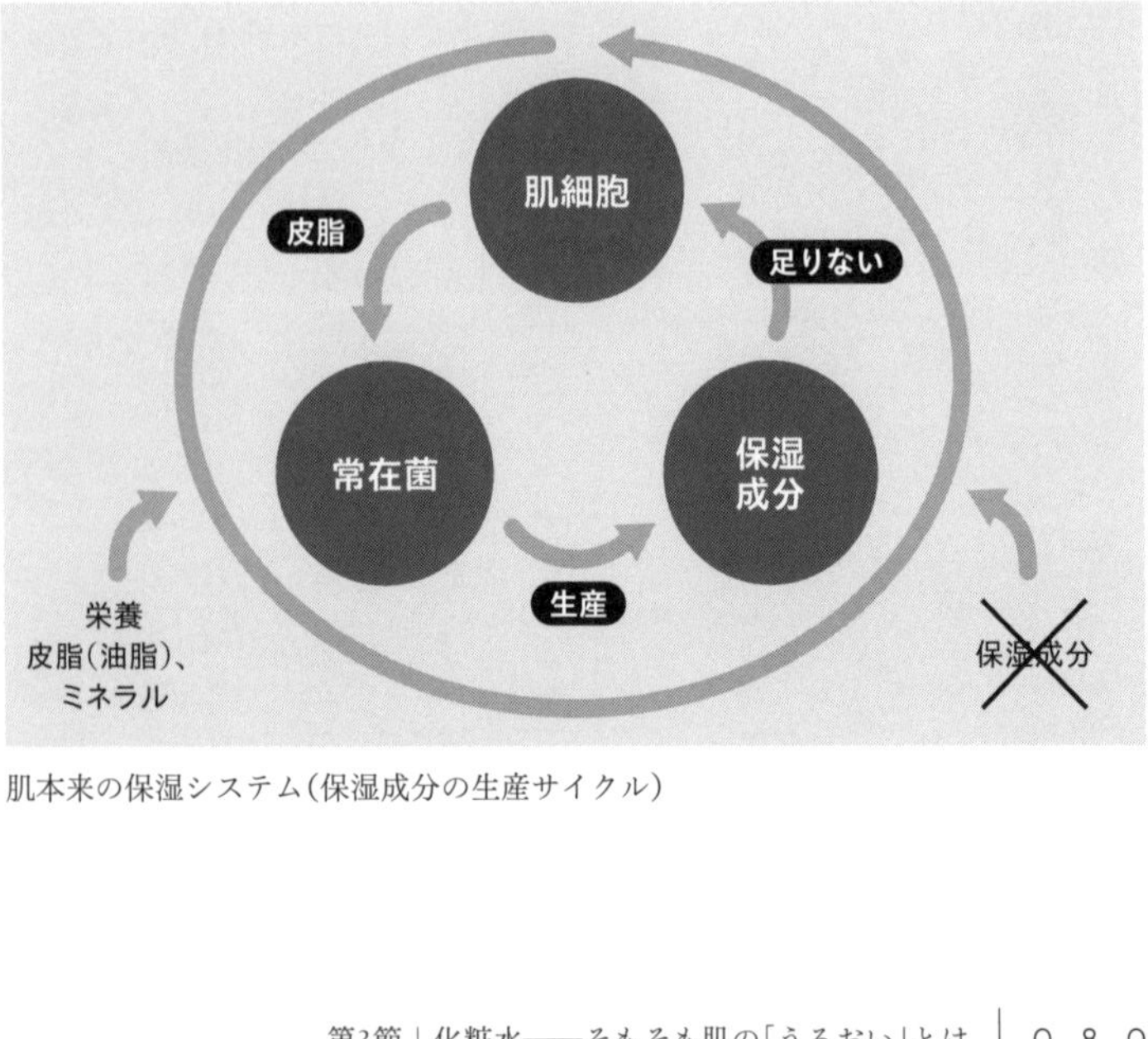

肌本来の保湿システム(保湿成分の生産サイクル)

た目にも美しく、肌がきれいになる印象はあります。しかし肌を美しくすることに注目した場合には、**動物性食品を抜きに考えるのは現実的ではありません。**

肌にとくに不可欠なのはアミノ酸ですが、どんな食品に含まれているのでしょうか。

食品ごとのアミノ酸バランスを示す数値にアミノ酸スコアというものがあります。アミノ酸スコアとは、食品に含まれる必須アミノ酸が健康の維持に適したバランスになっているかどうかを示す数字です。たとえば卵、鶏肉、豚肉、牛肉、魚肉は100で、すべての必須アミノ酸が過不足なく含まれていることを示します。植物性食品は大豆を除き、白米が61、緑黄色野菜は50前後です。重要なアミノ酸の種類であるリジン、トリプトファン、メチオニンは植物成分では十分に摂取できません。大豆は大変優秀でアミノ酸スコア100ですが、今度は消化の速度が問題になります。植物は植物繊維や厚い細胞壁に邪魔をされて、消化に時間がかかります。そのため発酵によってたんぱく質をある程度アミノ酸に分解させた味噌や納豆、しょうゆをおいしく感じます。私たちは食材を選ぶ暇もないほど忙しい毎日を送っていますので動物性食品を含めると献立が楽になります。

つぎにビタミンです。疲弊した細胞や肌を修復してくれるビタミンの中で不足しがちなのは、ビタミンA、ビタミンB群、ビタミンEといわれています。

体や肌を修復してくれるビタミンAは鶏レバーに特に多く含まれ、それは他の食材の10

倍以上です。逆に多すぎるため焼き鳥1本に刺さっている鶏レバー一切れでも十分すぎる計算です。鶏レバーがいかに栄養価に優れているかが分かりますが、ビタミンAは副作用もありますのでレバー料理は週に一回程度がちょうどよいとされています。

疲労回復に豚肉が推奨されるのはビタミンB群が豊富だからです。たとえばビタミンB1は150gの生姜焼き定食で一日の摂取量を補給できます。脂溶性ビタミンであるビタミンEは魚介類に豊富です。特にウナギに豊富ですが、ハマチ、ブリ、イカもオススメです。

もちろんサプリも便利ですが、問題は私たちが本当に「不足している栄養素を把握しているのか」ということです。胃袋は口ほどには成分を感知できません。糖類を流し込めば、単純に満足します。口で味わう満足感の方が、健康管理に役立っていると言えますが、それも不足栄養素を個別に把握できるほどではありません。サプリでは本来必要な成分ではない栄養素を過剰に摂取してしまうこともあります。その点、食品はアレルギーさえ気を付ければ、不具合が起きてしまうほどの栄養素を食事だけで得ることはほとんどできません。だからこそ栄養士は普段からの主食、主菜、副菜の食事バランスを重要視します。

サプリはあくまで「補助食品」「心の安心材料」に留め、毎日の食生活で体内環境を整えておくことが、肌の健康を保つためのポイントです。

体外の環境変化

乾燥がもっとも怖い季節は冬です。夏のエアコンの冷風も怖いですが、そもそもなぜ気温が下がると空気が乾燥するのでしょうか。

気温が下がると空気がため込むことのできる水蒸気の量が少なくなります。とくに冬は夜間にぐっと気温が下がりますので、空気中の水蒸気は結露して失われます。その状態で気温が上昇すると空気はカラカラになり、肌から水分を奪い始めます。喉が渇くので、水を飲むことになりますが、胃に入った水分が肌に到達するのは体の中でも最後です。

化粧水など、体の外から肌へ水分補給することはもちろん欠かせない対策です。体内環境を整えたうえで、それでも足りない分を体外から補うイメージです。

しかし、たとえば真水のようなさらりとした水分では、いくら肌の外側から補給したとしても蒸発などですぐに失われがちです。ですので蒸発を防ぐために、しっとりと肌全体を覆うようなとろみのある保湿成分を補給したくなります。保湿成分とは、水分を吸着して逃さない性質を持っている成分のことです。長い鎖のような形状の成分が多く、とろみや粘りを持ちます。

化粧水に配合される主な保湿成分をまとめたものが次の表です。

化粧水の主な保湿成分

	名称	分子構造	分子量
高分子保湿成分	ヒアルロン酸	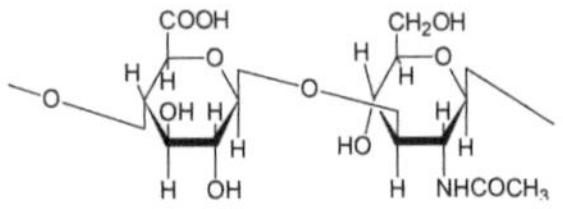	約100万
	コラーゲン	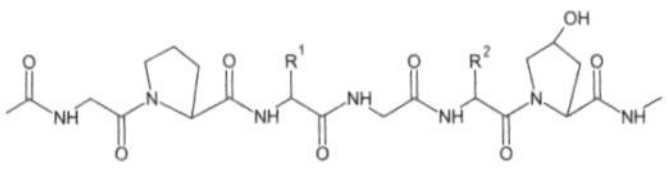	約30万
	セラミド	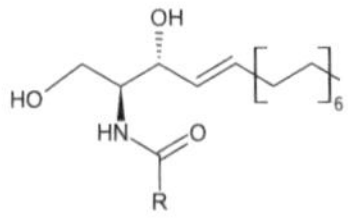	約700
低分子保湿成分	グリセリン	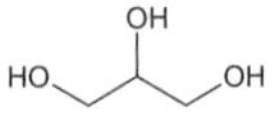	92.09
	ブチレングリコール	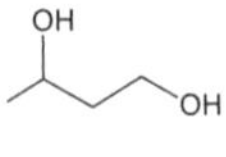	90.12
	プロピオン酸	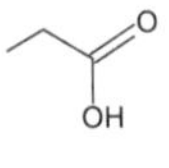	74.08

『岩波　理化学辞典』第5版(岩波書店、1998年)をもとに著者作成

保湿成分はその分子量によって大きく「高分子保湿成分」と「低分子保湿成分」に分けられます。とくに「高分子保湿成分」という言葉を耳にしたことがある方は多いと思います。化粧品の広告でよく見かけるヒアルロン酸やコラーゲンがその代表であり、それらを配合した化粧水を塗ると保湿感があって、ほっと一安心できるような感覚を与えてくれます。そのテクスチャーは良く言えばしっとり、しかし時にはやや「重たく」べとつく感じもあります。これは、高分子保湿成分は私たちの肌本来の保湿成分ではないからです。

肌本来の保湿成分は「低分子保湿成分」のほうです。とくに「天然保湿成分（NMF）」と呼ばれる成分は水でも油でもない第三の成分であり、主に脂肪酸（プロピオン酸など）です。第1章の第3節「ツヤとテカリ」でも紹介した「両親媒性分子」です。髪の場合は数種類のアミノ酸です。

とろみのある高分子保湿成分は糸のように長い分子で分子量は10万以上。水と仲の良いOH基（水酸基）を図のように1分子にたくさん持っています。さらに油と仲の良いCもたくさん持っています。OHが増えすぎるとじめじめして、Cが増えすぎるとべとべとする。そのためにヒアルロン酸やコラーゲンはやや重たく感じます。**広告でよく見かけるような肌が手の平についてくるといった現象もこの糸のような形状が理由です。**

少量で大きな効果があるということは、量の調節が難しいということでもあります。ほんの少し塗ったつもりが、肌からすれば塗りすぎになってしまいます。しかも長い糸状のため、肌の上に長時間残りやすくなり、必要なくなってもそこに居座り続けることになります。高分子保湿成分は、肌の保湿にとって最適とは言えません。

実は、先ほどの体内の環境変化で登場した**「肌本来の保湿システム」で肌細胞が生産していた「保湿成分」とは、実は「低分子保湿成分」なのです。**肌が本来持っている保湿システムを再度見てみましょう。

肌細胞はまず皮脂(トリグリセリドという小さな成分)を生産します。それをさらに常在菌が分解し、グリセリンと低分子の保湿成分(天然保湿成分)にします。それはとてもスピーディーな作業で、生産速度を速めたり

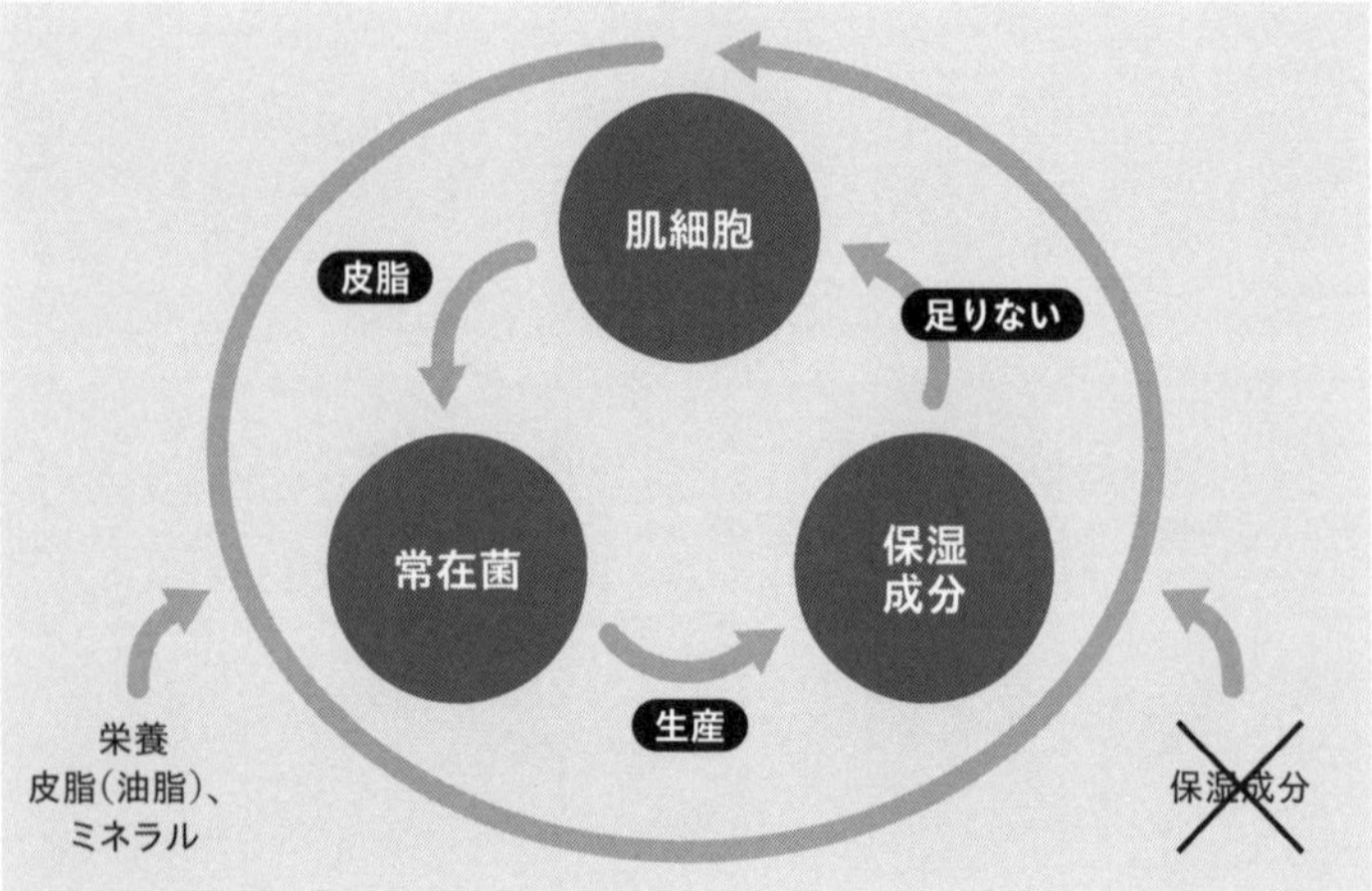

肌本来の保湿システム(保湿成分の生産サイクル)

遅らせたりして生産量を調節しています。低分子保湿成分が減少すると肌細胞はそれを察知して、皮脂の生産速度を速めます。

低分子保湿成分はため込むことができる水分量が小さいため、高分子保湿成分にくらべて多くの量を必要とします。それなのになぜ肌細胞は低分子保湿成分を生産するのでしょうか。それは「量の調節が簡単」だからです。

細胞は1分間に数千から数万という分子を高速で合成しています。小さな分子を高速で生産していれば、その速度を速めたり遅くしたりすることで生産量を微妙に調整できます。しかし大きなものは生産に時間も手間もかかります。急な変化に対応できません。肌が低分子保湿成分を生産しているのにはちゃんと理由があるのです。

水も油もほどよく引き寄せる

低分子保湿成分の中でも代表的な「脂肪酸」はほどよく水を引き寄せ、油にもほどよく馴染むような性質です。さっぱりしているのにしっとりしているのが肌の脂肪酸の特徴です。生み出しているのは肌の上の常在菌で、私たちが作った皮脂を分解して脂肪酸を作ってくれています。

肌の脂肪酸はさっぱりした性質のため、普段はその存在に気がつくことはありません。塗った時も、高分子保湿成分のような分かりやすい(強い)保湿感はありません。そのため私たちは乾燥した時つい高分子保湿成分を求めてしまいます。

しかし高分子になればなるほど粘着性を持ちます。いつまでも肌の上に残り続ける高分子保湿成分は常在菌にとってもつらい存在になり、肌細胞と常在菌の関係性が崩れていきます。

肌の脂肪酸は粘着性が少ないので簡単に拭き取ることができ、水分補給も、油分の塗布も楽にできます。その後のお化粧のノリがいいのも実は脂肪酸のおかげです。

洗顔後の肌、洗いあがりの髪に水や油がさっと広がれば、低分子の保湿成分が広がってくれている証拠です。スカートがまとわりつく肌やプラスチックのクシで静電気が起きる髪、梅雨時にスタイリングが崩れる髪も、実はちゃんと天然の保湿成分が広がっている健康の証です。

——新しい成分と天然成分には注意

体内で不足する栄養成分をしっかり補充し、体外で不足する保湿成分を適切に補充できれば、保湿サイクルが回復しはじめます。本来の健全な保湿サイクルが動きはじめると、過剰な高分子保湿成分が配合された化粧水にはむしろ違和感を感じはじめるはずです。

私がスキンケア商品の開発に携わり始めて最初に抱いた違和感は、業界の開発方針がとても浮足立っていることでした。新しい成分ばかりを追い求めたり、配合量を競ったり。「天然」や「自然」といった誤解を生むキーワードを多用したり。さらに加えて消費期限の長さも気になりました。いずれも、洗顔後の裸の肌には、脅威になりやすいキーワードばかりです。

スキンケア業界ではいまだに新しい成分が過剰評価され、興味をそそる名称や購買意欲をかきたてるキャッチコピーと共に登場し、その成分の配合量を競う流行が起きます。仮にその成分自体に問題はなくても、過剰な利用が肌環境のバランスを崩すのはこれまで見てきた通りです。

もう一つは天然成分に対する過剰な信頼です。天然成分は混合物です。天然成分は安全が保障されているわけではなくどんな微量なアレルゲンが含まれているか分かりません。意外かもしれませんが、むしろ純度の高い合成成分の方が安心できることが多いです。生物学者レイチェル・カーソンは１９６２年の著書『沈黙の春』のなかで、「生物濃縮」について指摘し、この本は大ベストセラーになりました。「生物濃縮」とは残留農薬が生体内に蓄積し食物連鎖により濃縮されていくことで、本が話題になったことが農薬に基準値が設けられるきっかけとなりました。とくに植物内で濃縮された精油などには注意が必要です。

防腐剤の怖さ

じつは**化粧水は、化粧品の中でもっとも腐りやすい商品**です。粘度が低い(水の状態である)ため、腐敗を起こす菌が栄養成分を求めてあちこち自由に動き回ることができるからです。

基礎化粧品は化粧水、美容液、美容クリームとおおまかに分類されていますが、美容液はジャムのように濃度を高くして腐りにくくしています。クリーム(エマルジョン)も本来は防腐技術(保存技術)として利用された技術です。

そのなかで化粧水は水分率が高くて一番腐りやすいため、防腐剤の配合量が特に多くなります。中には防腐剤である「フェノキシエタノール」のにおいしかしない化粧水もあるほどです(フェノキシエタノールは信頼のおける防腐剤ですが、多すぎると当然刺激性があります)。

他にもエタノールやBG(ブチレングリコール)などの防腐効果を持つ成分がよく配合されています。日本人はエタノールアレルギーを持つ人が少なくありません。BGは保湿と説明されることが多いですが、実質は防腐成分として配合されているケースがほとんどです。洗顔後の肌は防腐剤・低分子アレルゲン・アルコールを吸収しやすくなっています。やや過激な表現ですが、そうした防腐剤の配合量が多い化粧水をつける行為は、防腐剤をつける行為とほとんど等しいことになってしまいます。肌細胞だけでなく、常在菌まで損なわれます。

しかも注意すべきは、保湿成分や栄養成分の高配合をうたっている化粧水ほど、必ずそれ相応の防腐剤が配合されていることです。

さらに注意していただきたいのは「防腐剤不使用」をうたっている化粧水です。薬機法に定められた防腐剤「だけ」を不使用にすることで、まるで「防腐剤不使用」であるかのように表現しているケースが多いからです。たとえばワサビエキスなど防腐効果を持つ天然成分は無数にありますが、薬機法では防腐剤に指定されていません。防腐剤不使用をうたう化粧水にはそうした安全性を担保できない天然防腐剤を使用しているケースが多く、アレルゲンとなる可能性もあり危険です。よほど信頼のおけるメーカー以外の「防腐剤不使用」化粧水は使うべきではありません。

――手作り化粧水がベスト

化粧水について考えると、過剰な新成分、保湿成分、防腐剤……と、気になる点がとても多いツールだとあらためて思わされます。ほんとうに求められているのは、もっとシンプルなものなのではないかと思えてきます。

それに、同じ人でも日によって体調や肌のコンディションは一定ではなく、つねに変わってしまうもの。もし体調や肌コンディションにあわせて保湿成分量を調節したり、さらにpH、またはカリウム濃度までも調整できるようになったら、理想に近い化粧水が生まれるのではないでしょうか。

つまり結論としては、**化粧水は自作した方がよい**、ということになります。化粧品メーカー所属の私でさえそう思ってしまうのです。化粧水だけは手作りするルーティンを、月に2回ほど取り入れるのが美肌をつくるにはもっとも近道です。

信頼のおける美容家の方がたも口を揃えるように言いますが、**化粧水は水分補給だけに割り切るべきで、しかもふんだんに使えるようにすべき**です。できるだけシンプルにして、「買いに行くより作ったほうが肌に合う」という手料理のような手作り化粧水を目指します。

じつは化粧水をつくるためのレシピはシンプルなので、手作りノウハウのほとんどは「雑菌の混入の防ぎ方」になります。微生物の混入ルートは落下菌、飛沫、手汚れです。空気の動きの少ない静かな時間を選び、手袋マスク着用、数分で素早くつくります。

化粧水の理想的な1回の使用量は5mL(手の平のくぼみにたまる程度)ですので、100mL作ると1～2週間で使い切る量になります。実際の使用量は2～3mLであることが多いので、ちょっと多いかな、というくらい使いましょう。無くなるペースがはやい場合も安易に使用量は減らさずつくる量を増やします。使用期限は冷蔵保存で2週間ですので、一度に2本つくっても良いかもしれません。

使う水は煮沸殺菌した水道水で十分です。ミネラルが適度に入っているので精製水よりもベターです。基本的には水とグリセリンだけでも十分で、グリセリンは最も基本的な低分子保湿成分で、ドラッグストアで500mLボトルが500円程度で手に入ります。好みに応じてビタミンC誘導体か尿素を加えてもOKです。どちらもドラッグストアかオンラインショップで手に入る抗酸化物質で、肌の酸化(老化、疲労)を緩和します。ビタミンC誘導体(リン酸－L－アスコルビン酸ナトリウム)とは肌に浸透した後にビタミンCに変化するものです。抗酸化作用があり20gで2500円程度です。尿素は尿に含まれるイメージが強いですが、全身に分布する重要な抗酸化物質、保湿成分です。50gが500円くらいです。どちらも粉末で長期保存でき、オンラインショップで手軽に手に入ります。精油などでの香り付けは刺激の元になるので避けたいところです。香りがほしいときには、お手入れの最後につける美容クリームに任せたほうがよさそうです。

ボトルはスプレーがおすすめです。ドロップボトルは空気中の雑菌が混入しやすいので避けたほうがいいでしょう。

——化粧水のつくりかた

◉用意するもの

煮沸滅菌した水道水90mL、グリセリン3mL

(好みに応じて)ビタミンC誘導体小さじ1(3g)、あるいは尿素一つまみ(0・5g)、100mLスプレーボトル

◉手順

1. 空気の動きの少ない静かな時間を選び、水道水が入ったボトルと、スプレーボトルのフタは閉じておきます。しっかり手袋とマスク(できればキャップ)をして、手袋を

エタノールでしっかり消毒します。

2. スプレーボトルのフタを開け、水を肩の位置(90mLくらい)まで入れます。少なめに入れるのはボトルを振って混ぜるためです。

3. 好みに応じてビタミンC誘導体小さじ1(3g)、あるいは尿素一つまみ(0・5g)を入れてフタをし、よく振って混ぜます。

4. グリセリン3mLを入れて、さらによく振って混ぜます。冷蔵庫で一日置いてさらによく溶かします。翌日再度よく振って完成です。

◉**注意**

・冷蔵保管で2週間以内がおおよその保存期間です。
・かならずラベリングして小さな子どもの手の届かない所に保管します。
・ひじの内側など目立たない部分でパッチテストをして使用してください。
・赤み、刺激など違和感を感じた際には必ず使用を中止してください。

手作り化粧水は洗顔直後に使用します。顔全体から首筋にかけてたっぷり手の平で温めながら伸ばします。もの足りなさを感じる場合もしばらくはそのまま続けてみてください。肌が元の健全な新陳代謝を取り戻すきっかけになります。それでも肌のつっぱりなどが気になる場合はグリセリンを増やしてみますが、多くても5mLまでにします。手作り化粧水の後に肌に合う市販の化粧水を少し追いかけて使うのも良いです。

第4節

美容液——肌にとっての「栄養」とは何か

——競い合う成分

化粧水の次につける美容液は、スキンケア商品の中でも独特な存在です。シワやシミなど気になる箇所にポイントで塗布することが多く、価格は高めで、しかも少量パッケージです。店頭に並ぶ「ヒアルロン酸」「ハイドロキノン」「アルブチン」「プラセンタ」「幹細胞培養液」といった目を引くワードのほとんどは美容液の成分です。

何気なく目にする商品や広告で「そんな成分があるんだ！」という素朴な驚きをもたらすものもありますが、売り場で感じるのは成分同士の競争です。本来はお互い反応し合って細胞の活動を支えている成分が、マーケットの事情でばらばらに分解され、「どれが優れているのか」競い合っている。そんな風に見えてしまいます。

私は2012年からプラセンタエキスの精製の仕事に関わり、その2年後に化粧品の開発も始めたのですが、プラセンタ化粧品がまさにこの「成分同士の競争」のとてもわかりやすい例でした。

プラセンタ化粧品に配合されるプラセンタエキスは主に豚の胎盤から抽出される細胞組織液で、私たちの肌の細胞液にもとても近いものです。肌細胞が活動するための「ありとあらゆる成分」が混ざり合い、「完成された美容液」といってもよいくらいです。

ところが、プラセンタ化粧品の売り場には「EGF（上皮成長因子）」という成分しか目にしません。EGFとは肌細胞の再生を促す活性たんぱく質です。なぜプラセンタという肌に必要な成分が一体に混ざり合っている「完成された美容液」から、EGFという一成分だけを取り上げるのでしょうか？　それは、EGFという名前の響きが「かっこいい」からです。

なぜEGFなのでしょうか、と質問をすればメーカーは（もちろん私の所属するメーカーも）いろいろと主張するでしょう。しかし突き詰めれば、「EGF（上皮成長因子）」という名称に新しい響きがあったからという理由だけだと思います。かつて流行した「ポリフェノール」や「グリコーゲン」と同じです。「ビタミンC」だともう古くなって響かないから、新しい響きの成分を見つけて売り出したくなるのでしょう。EGFもポリフェノールもたしかに重要で興味深い成分です。しかしそれは他の無名の成分も同じことです。

私が化粧品開発にまで手を出したのは、そうした成分同士の無意味な競争に、強い違和感を抱き、基本に立ち戻りたくなったからでした。

連携し合う成分

肌細胞の再生はＥＧＦを中心に回っているわけではありません。その無数の成分同士の連携は想像以上に複雑で、たとえば肌のたんぱく質合成だけでもどこが始まりで、どこが終わりか分からなくなるほどに複雑です。あえて「中心」という言葉を使えば、すべての成分が中心になりえます。

人体は60兆個の細胞でできていますが、その一つ一つの細胞の中では1秒間に数千個というも猛スピードでたんぱく質が合成されています。しかも作られているたんぱく質は10万種類以上です。私たち自身にはまったく実感がありませんが、その合成スピードがあまりにも速いため、だいたい4分の1くらいは合成に失敗しています。

そんな不眠不休の活動のおかげで、1個の細胞の中には常に80億個のたんぱく質を蓄えることができます。その膨大な種類と数のたんぱく質を手分けして全身に納期通りに分配し、私たちはかろうじて生かされているのです。

気が遠くなるほどの複雑さですが、さらに詳しく見ていけば、一つ一つの化学反応の間にもっとずっと多くの副反応があります。

顔の肌に話を戻して、この複雑さについて見てみましょう。美容液をつける目的にはシワ、シミ、クスミの改善がありますが、このうちシワに関連する「肌の弾力」を生み出しているメカニズムは次のような具合です。

まず保水力の高い「糖類」が網の目のように広がり水分をつかまえて安定化させ、それによって不安定な「たんぱく質」も安定化されます。ここで面白いのは「糖類」が一方的に「たんぱく質」を助けているわけではないということです。糖類によって広がったたんぱく質が今度は逆に糖類が肌全体へ広がる手助けをしているのです。その結果、細胞同士がバネのようにつながって肌が弾力を持ちます。その結果、シワが改善されます。

スーパースターのような成分が存在するわけではなく、成分がチームとして連携し合っているイメージが想像できると思います。こうした成分同士の競争は、シワよりも「シミとクスミ」においてより深刻です。シミとクスミとはどちらも肌の色素（メラニン色素）の過剰な生成や沈着によって起き、そうした色素の生成抑制や除去がいわゆる「美白」ですが、この美白について新しい響きの成分を求めるあまりに、いつしか強すぎる医薬品成分まで採用されるようになりました。

肌が実際に作っているヒアルロン酸やEGFはさておき、ハイドロキノン、アルブチン、コウジ酸といった「美白成分」は肌の代謝システムに本来は存在しない成分です。特にハイドロキノンはメラニン色素の生成活動を抑制し、メラニン色素を作っている「メラノサイト」という細胞に対する毒性もあります。アルブチン、コウジ酸は同じような効果が比較的温和なものです。

つまり、ハイドロキノンは肌の循環システムから逸脱しすぎた成分です。たしかに医薬品としてはとても重要で優れた成分です。しかし私たちの日常は医療ではなく健康維持です。健康な循環システムに新しい成分を混ぜ込む危険性は想像以上です。特にハイドロキノンの常用は避けるべきです。

——本来は起きないはずのシミ

なぜこのように、成分の量などという無意味な基準で競い合ってしまうのか？　そしてなぜその競争は行き過ぎてしまうのか？　その理由は「美白信仰」だと私は思っています。私たちは美白こそが美しさの絶対条件と思わされてきたのではないでしょうか。その**単純すぎる価値観は、思わぬところで肌へのダメージとなって現れる**ことがあります。

メラニンとよばれる色素が皮膚に多く含まれることで黒や褐色に見えるようになることから、美白のためにメラニンを抑制しようとする向きが見られます。しかし、肌を白くすることに注力しすぎて本来必要なメラニン生成を抑えてしまうと、住んでいる地域特有の紫外線量に肌が対抗できなくなり、「本来は起きないシミ」が起きています。

マッチポンプとまでは言いませんが、メラニンの抑制はそれくらいに危険です。肌は本来、その地域に応じたメラニン量で紫外線から肌を守っています。肌の内部はメラニンで防御し、肌から上は、UVクリームや衣服や帽子や日傘で物理的にガードしています。

しかしハイドロキノンのようなメラニン抑制成分によってメラニンを失うと、侵入した紫外線によって細胞が傷つき、循環システムが乱れます。シミの部分だけピンポイントにメラニンを抑制できればベストですが、そうでない部分にまで美白を追い求める行為はそうした危険性がともないます。一言で言えば「肌の不均質化」(第1章第2節「美白」)を生んでしまいます。そもそも「手」というセンチメートル単位のアナログ装置で、ミクロン単位(センチメートルの1000分の1)のシミをコントロールして均質な美白を生むのは至難の技です。

ハイドロキノンは「使用中、使用後はUVクリームを必ず使用してください」と注意書きがあります。肌の中のメラニンを減らすわけですから、UVクリームでその分をカバーしなければならないわけです。しかしそのUVクリームでさえ均質に塗ることが難しいことは皆さんがご存知のとおりです。できるだけ均質に塗布したとしても汗などで落ちてしまいやすいので、時間と共に不均質になっていきます。その結果、紫外線への防御力が弱い部分ができてしまい、紫外線の侵入を許し、皮膚細胞が損傷を受け、新陳代謝が妨げられ、メラニン色素が滞留し、そしてシミになります。しかもこの紫外線に弱くなった部分は目に見えないのでやっかいです。

行き過ぎた美白信仰が美容液選びをミスリードしているのであれば、美容液を正しく選ぶために美白を一旦忘れた方がよさそうです。私はそれが「本来の美白」にもっとも近道なのではないかと思っているのです。

「本来の美白」とは、物理的な白色を指すのではありません。**自分自身の本来の肌の色を基調とした均質な透明感が生み出す明るさです。**できるだけ長い年月、シミとクスミをつくらない肌質のことです。

本当に必要な栄養成分とは

こうした「成分同士の競い合い」を将来に継承しないためにも、自分がもっている本来の均質な美肌を見直すべきではないでしょうか。本来の均質な色をベースにケアをすれば、内部の均質なメラニンが肌を守ってくれますから、多少ＵＶクリームの塗りが不均等になっていても大丈夫です。紫外線が不要に肌に入り込むこともなく、シミの発生は最大限遅らせることができます。

じつはシワもシミもクスミも対策はすべて同じです。肌の代謝システムを健全に維持すること。美容液の真の目的はこれです。そして必要なテクニックは栄養学からすべて学ぶことができます。

美容液に必要なものは食生活と同じく、まずは炭水化物（糖質）、たんぱく質、脂質の三大栄養素、そしてビタミン、ミネラルが基本栄養素です。

どの成分に注目すればよいのでしょうか？　これは体内で合成できない必須栄養素のうち「不足しがちな成分」に着目しましょう。

私たちの現在の生活様式で不足成分はどれか。美容液を選ぶ上でもっとも重要な情報になります。それを抽出するために、まずは教科書的に栄養素をざっとおさらいします。

「**炭水化物**」は糖であり、白米やパンなどの主食に含まれています。エネルギー源ですが、「脂肪として蓄えられる」といった働きもあります。

炭水化物は摂取量が多いため、必須栄養素には分類されていません。そのため不足成分もありません。美肌のことだけを考えれば、甘いものは「いらない」とも言えるかもしれません。

「**たんぱく質**」はアミノ酸がつながった高分子化合物です。肌、筋肉、骨といった体を作る材料ですが、ホルモンなど体の活動を整える成分にもなります。人間の身体は「たんぱく質のデパート」と呼ばれますが、それは10万種類以上のたんぱく質を体内で合成してい

必須栄養素一覧

必須栄養素	成分名
必須アミノ酸	ヒスチジン、イソロイシン、ロイシン、リジン、メチオニン、フェニルアラニン、スレオニン、トリプトファン、バリン
必須脂肪酸	リノール酸、α-リノレン酸
ビタミン	ビタミンC、ビタミンB_1、ビタミンB_2、ナイアシン、パントテン酸、ビタミンB_6、ビオチン、葉酸、ビタミンB_{12}、ビタミンA、ビタミンD、ビタミンK、ビタミンE
ミネラル	ナトリウム、カリウム、マグネシウム、カルシウム、リン、硫黄、塩素、クロム、マンガン、鉄、コバルト、銅、亜鉛、セレン、モリブデン、ヨウ素

著者作成

るからです。その材料がアミノ酸です。人間は消化酵素によってたんぱく質をいったんアミノ酸まで分解して、それから細胞内で再度たんぱく質に再合成します。ですからコラーゲンを食べたからと言ってそのままコラーゲンが手に入るわけではありません。

アミノ酸は人間にとってもっとも重要と言ってよい成分ですので、体内で合成できないアミノ酸は「必須アミノ酸」として分類されています。その中で不足しやすい成分は「リジン、トリプトファン、メチオニン」の3つです。

「**脂質**」とは一言でいえば油ですが、中でも重要な栄養素である「脂肪」は、保湿成分で有名な脂肪酸とグリセリンが結合したものです。オリーブオイルや魚肉に含まれる不飽和脂肪酸が体に良いと言われるのは「さらさら」しているからです。さらに水にも溶けやすく、水にも油にもなじむので肌の保湿に欠かせない成分です。

生物は見るからに柔らかいですが、柔軟性は細胞にとっても重要で、さらさらの不飽和脂肪酸が肌の柔軟性を保つ働きをしています。

脂質はこうした脂肪や脂肪酸として肌近くに蓄積され、皮脂を分泌します。オリーブオイルや魚料理など質の良い油を摂ることが美肌に直結する理由です。

「**ビタミン**」は必須栄養素がもっとも多い成分ですが、中でも「ビタミンA（レチノール）」、「ビタミンB群」、そして脂溶性ビタミンである「ビタミンE」が不足しがちな成分です。

「**ミネラル**」では「カリウム」が不足成分です。

まとめると、アミノ酸の「リジン、トリプトファン、メチオニン」、脂肪酸の「リノール酸、α－リノレン酸」、ビタミンの「ビタミンA（レチノール）、ビタミンB群、ビタミンE」、ミネラルの「カリウム」です。

アミノ酸と脂肪酸とミネラルは比較的食事で摂りやすいので、**美容液を選ぶ際には特に不足しやすいビタミンに注目**することになります。

ビタミンこそ食事やサプリメントで摂取できそうなイメージですが、肌の代謝システムを円滑にすることを美容液の最重要課題とした場合、ビタミンがもっとも重要な成分となるのは自然な結論です。ビタミンの種類と働きを少しだけ深掘りしてみましょう。

――ターンオーバーを支えるビタミン

肌への効果でまず挙げられるビタミンが「レチノール(ビタミンA)」です。肌細胞分裂(ターンオーバー)を促進し、皮膚を補強する働きがあります。「β-カロテン」という言葉も聞いたことがあると思いますが、これは体内でビタミンAに変換されて、プロビタミンAと呼ばれます。この成分も肌にとっては有効です。

ビタミンB群で肌や粘膜への効果が高いのは「B_2」と「B_6」と「ビオチン」です。ビオチンは皮膚と関連性が高いため、もともと「ビタミンH(ドイツ語で皮膚Haut)」と呼ばれていましたが、その後の研究でB_7に分類されました。

B_2は肌細胞の再生に関わる他、老化の一因となる過酸化脂質を分解する働きもあります。B_6はアミノ酸や脂質の代謝を助ける補酵素で、代謝システム全体を円滑にし、肌の抵抗力を上げます。ビオチンも不足すると肌荒れを起こしやすくなることが分かっています。特にアトピー性皮膚炎に対するビオチンの効果は研究が活発で、今後美容液への配合が進むと思います。

ビタミンCとEはそれぞれ抗酸化作用によって肌の炎症を防ぎます。いずれも水溶性の美容液には誘導体として配合されています。ビタミンC誘導体が「アスコルビン酸ナトリウム」、ビタミンE誘導体が「トコフェリルリン酸ナトリウム」です。特にビタミンEには抗炎症作用もあるため、ニキビケアにも効果的です。ビタミンEは活性酸素を消去した後のビタミンCの再生にも関わっているため両者の併用はしばしば「相乗効果」として注目されます。

毎日常用する美容液を選ぶ際にはぜひこうした「本来の肌の代謝システム」を助ける不足成分について参考にしてみてください。

ビタミン一覧

種類			別名	働き
水溶性	ビタミンC		アスコルビン酸	抗酸化、筋肉、皮膚の強化
	ビタミンB群	ビタミンB_1	チアミン	疲労回復、食欲増進
		ビタミンB_2	リボフラビン	皮膚、髪の健康、成長促進
		ナイアシン	ニコチン酸	代謝、アルコール分解
		パントテン酸	ビタミンB_5	代謝サポート、健康維持
		ビタミンB_6	ピリドキシン	神経物質合成、代謝維持
		ビオチン	ビタミンH	皮膚、髪の健康
		葉酸	ビタミンM	造血、先天性異常防止
		ビタミンB_{12}	コバラミン	神経機能の維持、造血
脂溶性	摂取制限	ビタミンA	レチノールなど	目、粘膜、皮膚
		ビタミンD		Ca吸収、骨の強化
		ビタミンK	フィロキノン	骨の形成、血液凝固
	ビタミンE		トコフェノール	抗酸化、老化防止

著者作成

第5節

美容クリーム──「肌質の変化」のストライクゾーン

──合うものが無い？

私が本格的に化粧品開発に着手したのは２０１４年ですが、美容クリームの開発では特に多くの女性からご協力をいただきました。なぜなら美容クリームは基礎化粧品の最後のステップになるため、テクスチャーがその化粧品シリーズの評価を決定づけるからです。ご協力いただいた方々にとっては使ったことのない化粧品を肌につけるわけですので、決して気持ちの良い作業ではなく、毎回頭の下がる思いでした。

時には和気あいあいと、時には真剣に取り組んでいただきました。ただ、ごくたまにですが、妙なプレッシャーを感じることがありました。なんというか、言葉にするとすれば、「本当に新しい化粧品ができるんですよね？」というような私の本気度に対するプレッシャーでした。

その妙に高い期待度の理由は、少しずつ判明することになります。

試していただいている方々の中には「乾燥肌に悩んでいる」と言われる方が多くいらっしゃいました。「肌に合うものが無くて困っている」と言う方もいましたし、中には「どれを使っても結局肌が荒れるので何もつけられない」と悩まれている方もいました。

男性の私からすれば、あふれるほどの化粧品があるのになぜだろう、と不思議でした。開発した商品を実際に発売し、実際のユーザーの方々と直接対話する機会が多くなるにつれ、多くの方が自分に合う化粧品を探し続けていることを知りました。そして「**化粧品ジプシー**」という言葉を知りました。

私が感じたプレッシャーのもとである「合うものが無い」という悩みは、化粧品マーケット全体に広がる、驚くほど大きな悩みでした。

日本には化粧品の世界的企業がたくさんあります。すぐ隣にはコスメ大国の韓国もあり、最先端の情報がたくさん入ってきます。化粧品の種類は豊富で幅も広く、さっぱりしているものからしっとりしているものまで細かく分かれ、中には「しっとりさらさら」というよく分からないフレーズのものまであります(なんとなくは分かります)。

それなのに一体どういう訳なのでしょうか？　なぜこれほど多くの方々が「合うものが無い」と悩むことになるのでしょうか？

ユーザーが「無い」と言っている以上、メーカーは消費者ニーズをカバーできていないことになります。しかも化粧品ユーザーはＳＦに出てくるような未来の道具を求めているわけではありません。「合うものが無い」という言葉の中には「なぜ無いのか」といういら立ちも混ざっています。ユーザーは明らかに、「メーカーの狙いどころ」と「自分の肌質の悩み」がズレていると訴えています。

ではメーカーはどのように考えているのでしょうか。一メーカーの研究員としていえることですが、メーカーの研究者は「合う化粧品が無い」とは考えていません。化粧品メーカーの研究員は、店頭でユーザーに直接対応する美容員を技術的に支える専門家集団です。自分たちの最先端の研究情報と、美容員の最前線の情報を組み合わせ、ユーザーの肌質やニーズは細かく分析しています。ユーザー側の不満ももちろん把握しているので、「合うものが無い」のではなく、「ただ見つけることができていないだけ」、と考えています。実際に研究者の中には「ユーザー自身がニーズを分かっていない」と表現する方もいます。

メーカーは化粧品を使う側のニーズを把握しています。それは間違いありません。そして商品もそれなりに揃えています。

そしてユーザーは購入するときは「これなら間違いない」と思っています。ユーザーとメーカーにはそれなりに信頼関係もあります。おそらくその時点ではメーカーの狙いとユーザーのニーズは合致しています。

ところが、しばらく時間が経つと、ユーザーは「合うものが無い」と言い始めます。この一連の流れで分かることは一つだけです。

ユーザーのニーズが、商品を買った後に変化しています。それもユーザーやメーカーが**思っているよりも速く。**

──思っているよりも速い

私たちは「変化する生命体」です。肌や内臓や脳の構造は固定されておらず、常に柔らかく、絶えず変化しています。これは周辺の環境変化に対応するための戦略であり、環境の急な変化に合わせて自分自身を変えるために柔軟性を維持しています。それは季節であったり、年齢であったり、ストレスであったり、場合によっては化粧品を変えるという行為も環境の変化にあたります。

その変化に対応できる柔軟性は細胞膜の流動性によって実現されています。生物学ではこれを「流動モザイクモデル」と呼んでいます。

ここで重要なことは、その柔軟性の「デメリット」の方です。変化に柔軟だということは、影響を受けやすいことでもあります。それが悪い方向に変化したケースが「肌荒れ」です。

肌荒れを何とかしたいと思って美容クリームを購入するときは、その時点の肌質に合わせて商品を選びます。購入する商品数はふつうは1種類です。

しかし体調や肌質は変化します。それも、私たちが思っている以上の振れ幅で、思っているよりも速く変化します。この「思っているよりも速い」という点がポイントです。

変化が遅く、徐々に変わってくれればクリームは使い切ることができます。そのタイミングで買い替えようという気持ちにもなります。メーカーや商品への不満もそれほどではないでしょう。

しかし3分の1も使っていないのになぜかもう「**合わないのではないか**」**という気分**になってしまう。そして別のクリームを購入しますが、しばらくしたらまた同じように途中で合っていないような気がしてくる。使いかけの化粧品が引き出しからあふれ、ある方は

「衣装ケースに入れてます」と笑う方もいらっしゃいました。

私たちは「変化が得意な生命体」です。その変化の速さが思っている以上だとしたら、買い替えが後手後手になってしまうのも納得がいきます。おそらくそれが、いつまでたっても「合うものが無い」という不安につながっています。

この「思っているよりも変化が速い」という不安感、ちょうど似た体験を私たちはいま地球規模で経験しています。思っているよりも速く進行している地球温暖化、オゾン層破壊、人口爆発、水不足です。

地球環境と肌環境は共通点がとても多いですが、地球上はいままさに肌荒れの状態です。

私たち人類はこの地球に合わせて生まれたので、本来は宇宙のどこよりもここ地球の環境がベストなはずです。ところが私たちはいまこの地球の環境に不安を感じています。「変わらない」と安心していた地球が思っているよりも速く変わろうとしているからです。しかもその速い変化をもたらしている原因が私たち自身にあるということも、肌荒れと私たちの関係にとてもよく似ています。

であれば、その速そうに見える変化を、一度落ち着いてじっくり把握する必要がありそうです。

変化を把握するという意味では地球環境はとてもいい実例です。地球の環境変化を考えるとき、私たちは宇宙から地球全体をイメージしますが、肌は遠くから眺めるということをあまりしません。だから根本的な問題に気が付きにくいのかもしれません。地球の場合と同じように、ぜひ肌も一度遠くから眺めてみたいと思います。そうすると今はつかみどころがなく速く見える変化も、意外とそうでもないかもしれません。

——肌質の変化のメカニズム

これまで見てきた通り肌環境では栄養成分がとどこおることなく循環していますが、実は同じような成分の循環が地球上にもあります。

そしてその循環は「三段構造」をとっています。

地球の循環の三段構造は「地球」「都市」「生物」からなります。「地球」では地下水やミネラルが循環し、そのサイクルはゆっくりで数十年から数千年にも及びます。その地球を循環する水を「都市」が受け取り、上下水道として数日から数十日かけて循環しています。その水を生物である人間が飲み水として受け取り、体内を巡っています。

ここで注目したいのがそれぞれの循環速度です。「地球」「都市」「生物」はそれぞれの循環速度に応じて変化していきますので、変化の速度と言ってもよいと思います。

地球環境に不安があるとはいえ、私たちがまだある程度安心していられるのは、地球の変化は「ゆっくり」であり、その変化よりも速い速度で都市を作り変えることができると思っているからです。自分の生活習慣も都市の変化より速く変えることができると信じているから、安心できます。都市の安全が危うくなればとりあえず引っ越すことができます。少なくとも大災害でなければ。

これと同じように**肌環境も三段構造**です。地球が「体」であり、都市が「肌」であり、人類が「常在菌」です。変化速度も体がもっとも遅く、常在菌がもっとも速くなります。

体の変化よりも肌を速く変えることが

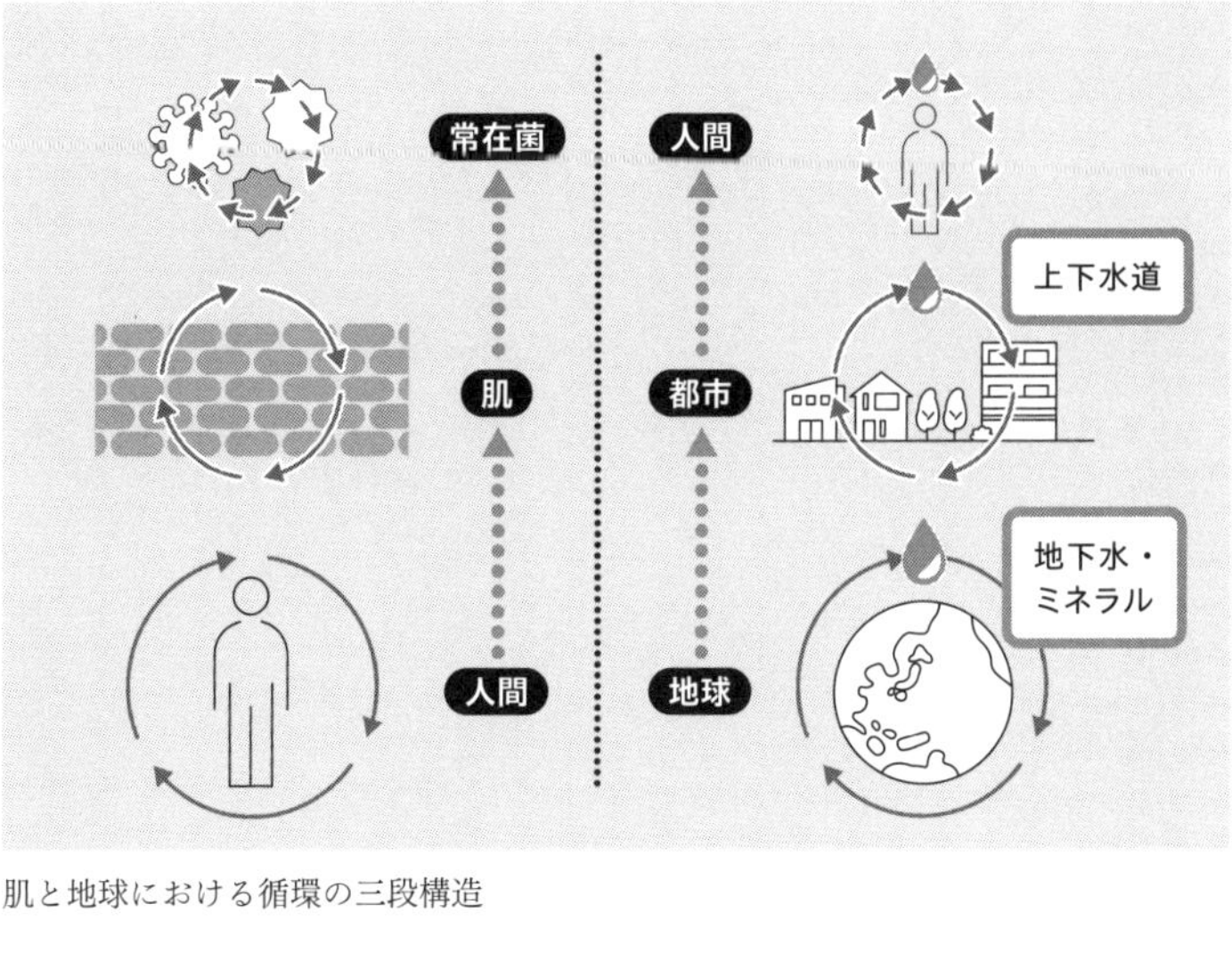

肌と地球における循環の三段構造

できるのであれば、安心できます。そして常在菌たちも、肌の変化よりも速く増殖できるのであれば安心してそこに住み続けてくれます。住めないと思えば逃げ出すでしょう。

――肌質の変化のストライクゾーンを知る

私たちが美容クリームに抱く「合うものがない」という不安感。それは肌環境の変化よりも速く肌を変えることが「できそうにない」という不安感だと表現できます。逆に言えば、**環境の変化よりも速く肌を変えることができる美容クリームであれば安心**できるということです。となると、その美容クリームの性能だけでなく、使い方も重要になってきます。美容クリームに必要な性能は2つです。

- 「肌質の変化の幅」をすべてカバーできること
- 「肌質の変化の幅」を超えてしまった場合の対処法があること

「肌質の変化の幅」とは、「乾燥肌」と「しっとり肌」の変化の幅のことです。この変化の幅は季節によっても変わり、年代によっても変わります。目のまえの美容クリームになんとなく抱きはじめる不安感は、その美容クリームがカバーできる肌質の変化の幅を超えてしまった場合の対処法が見当たらないからです。

ということは、**変化の幅の中央値（ストライクゾーン）**がとても重要になります。

その美容クリームが、その変化の幅の片方だけをターゲットにしている場合、たとえば極端に乾燥した場合だけをターゲットにしていると、変化の幅の逆サイド（しっとり側）をカバーできなくなります。購入する美容クリームの目指す肌質は最小値と最大値の間、つまり肌質の「ストライクゾーン」を狙うべきです。それはもしかしたら「もの足りない」と言われているゾーン（肌感覚）にあるのかもしれない、と私は感じています。

「これは少しもの足りない」と感じる美容クリームが、もっとも最適な美容クリームである可能性が高いです。

しかしマーケットにはすごくしっとりさせたいというニーズに合わせて、しっとり感を最大値にした美容クリームであふれています。ヒアルロン酸やコラーゲンたっぷり、といったような。

次の図は季節や年代による肌質の変化の幅と、それぞれのストライクゾーンの位置をイメージしたものです。波線が肌質の変化の幅です。もし美容クリームがこの波線の左端、つまりしっとりの最大値を目指して作られたものだと、肌は保湿成分が常に十分にあると

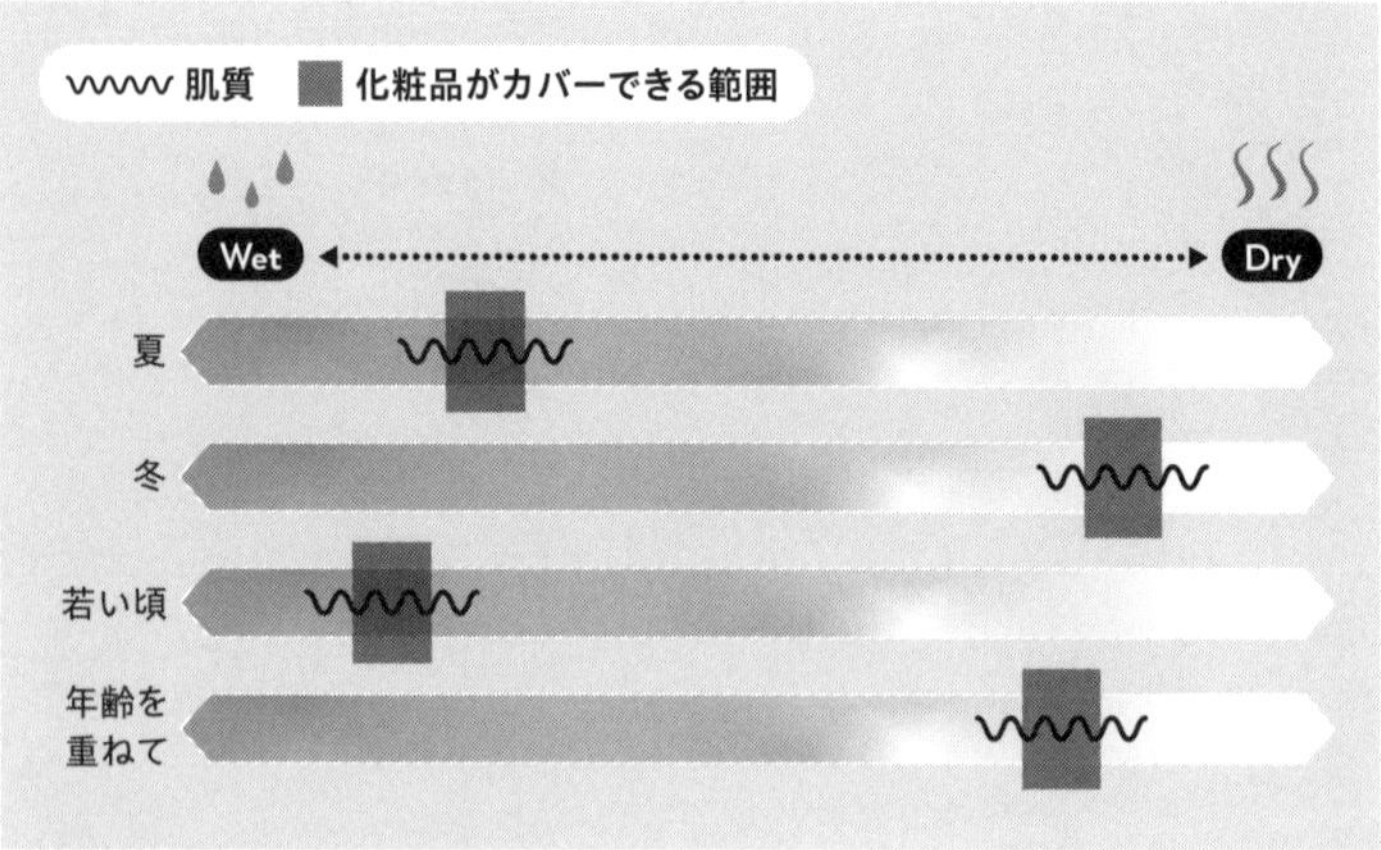

肌質の変化と化粧品のカバー範囲

勘違いし、いつまでも保湿成分の自己生産を再開しません。変化できる幅はどんどん狭くなり、ちょっとした環境の変化でも対応できない肌になってしまう危険性があります。

美容クリームの対応する肌質をストライクゾーンに合わせるということは、多くの場合しっとりから乾燥側にシフトすることになり、そうしたクリームには「もの足りなさ」を感じてしまいます。しかしそうした「肌を甘やかさない」美容クリーム選びは、長い目で見れば長期間適度なしっとり感を維持してくれます。ストライクゾーンを中心に、時には肌に適度な乾燥を与え、保湿成分の自己生産も促し、しっとり感が強い時は少なめに、乾燥が強すぎる場合はクリームを多めに、それでも乾燥する場合は高保湿のクリームで、というようにコントロールできる美容クリームがまずは必要になります。

そして次に気をつけるべきことが季節や年代やストレスによる「**ストライクゾーンの変化**」です。ストライクゾーンが変化すれば、その美容クリームは合わなくなります。それは避けようがないために、季節や年代や状況に合わせた第二の美容クリームを併用する必要があります。この第二の美容クリームは一般的に「高保湿クリーム」になります。つまり、ストライクゾーンに対応する第一の美容クリームと、場合によって少量使用する第二の「高保湿美容クリーム」の2本準備すると長期間にわたって環境変化に対応できる

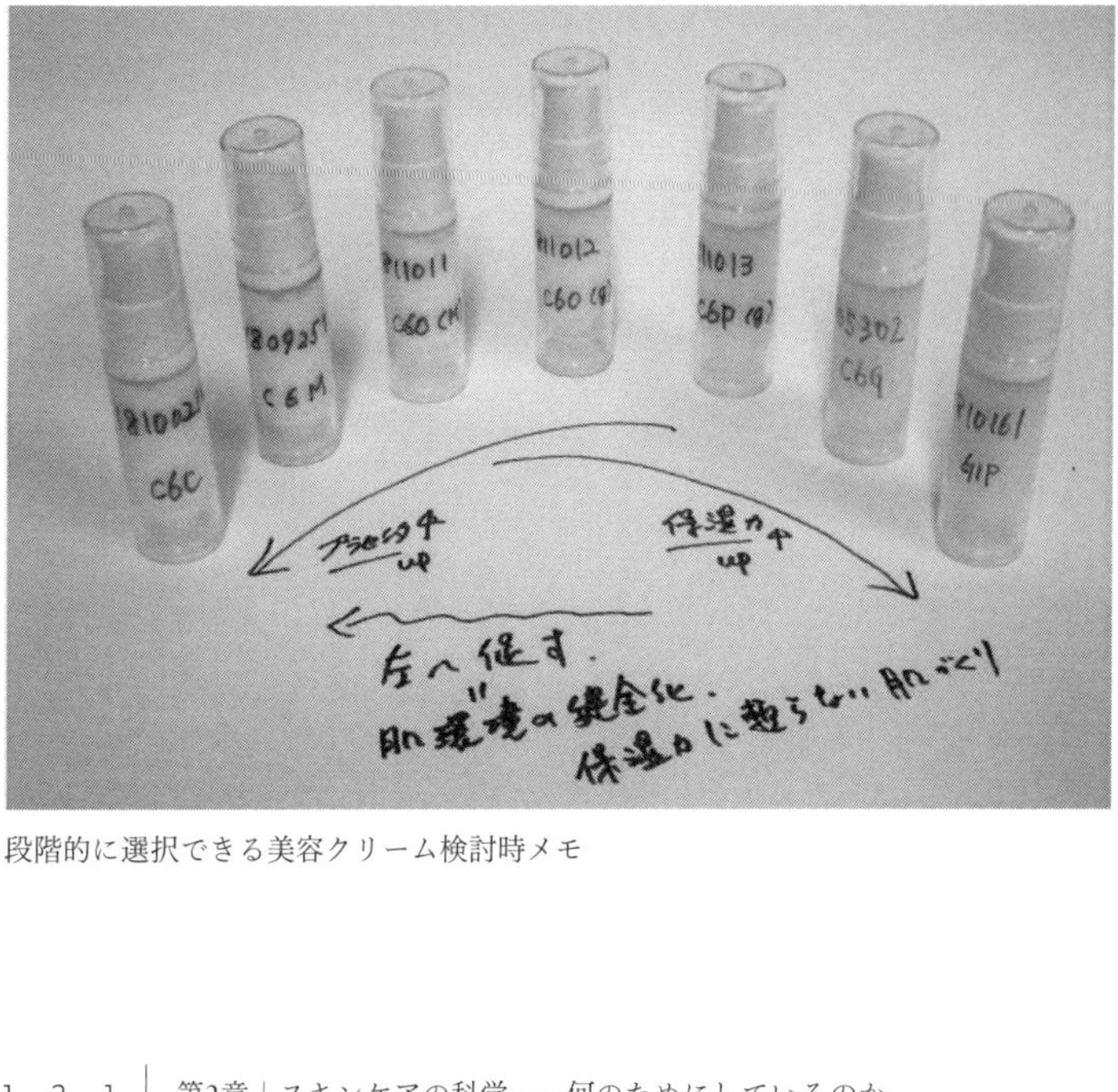

段階的に選択できる美容クリーム検討時メモ

ようになります。

実際に複数の美容クリームを季節や体調に合わせて使い分けている方も多いと思います し、大手化粧品メーカーは肌質に合わせたクリームを店頭でオーダーメイドできるマシンを開発しています。私もユーザーが段階的に切り替えられる美容クリームを検討しました。

——環境にやさしい美容クリーム

変化の波に乗るイメージを描くと、美容クリームのイメージが変わると思います。

これまでの乾燥肌への対策は、美容クリームで「乾燥した時にとにかくしっとりさせる」というものでした。それに対して、なるべく**乾燥が起きないように日常的に変化を自分でコントロールする**技術は、急な変化にも対応できるという安心感につながります。これは「日常生活にこそ環境問題がある」という地球環境問題の考え方にもつながります。

日常的にしっとりの最大値に寄せ、保湿成分の自己生産の訓練をしないままだと、肌質の幅が狭くなり、ちょっとした変化にも対応できない肌になってしまいます。肌が健康なときこそ、肌質のストライクゾーンを意識して、コントロールすることが肌質の幅を守り、変化に対応できる健康な肌を作ります。

最後にもう一つだけ気になるのは、先の三段構造の循環が「**互いにつながっている**」ことです。

循環が互いにつながっているということは、美容クリームによる肌の変化のコントロールが、別の段階にある体や常在菌にも影響を与えるということです。まさしくここが美容クリームを選ぶうえでもっとも重要なポイントになります。

美容クリームの主な目的な「**油分」による肌の保護**です。これを保湿と呼ぶこともありますが、保湿はあくまでも「水分」の役割です。油分は水分の蒸発を防ぐ役目があるため「フタ」と表現する方が多いですが、肌に柔軟性を与える役割もありますので、それらをまとめて「保護」と表現したいと思います。

皮脂が不足したとき、保湿クリームで外側から補給する油分は、体や常在菌にとってもやさしいオイルを選びたいところです。

肌にやさしいオイルと言えば植物性や自然由来というものを想像しがちですが、植物由来や自然由来はやさしさとはあまり関係がありません。オリーブオイルやホホバオイルが人体にやさしいのは、多くの植物オイルの中でたまたま人間に合っていたものを選んでいるにすぎません。

そのためオリーブオイルやホホバオイルでさえ、そこには微量のアレルゲンが入っていることを常に念頭に入れておかなければなりません。そのため肌用としてはかならず不純物が取り除かれた「精製オイル」のほうがよく、無精製のエキストラバージンオイルは避けたほうが無難です。

オイルの刺激性はそうした不純物（アレルゲン、エンドトキシン）だけでなく、オイル成分自体の分子構造によるものもあります。どういうことでしょうか？　少し抽象的な話になるので、保湿剤としてよく使われるワセリン（ベタベタしていて白っぽい）を例にあげてみます。次のように「C」と「H」が規則正しく連なっているのが、ワセリンの分子構造です。

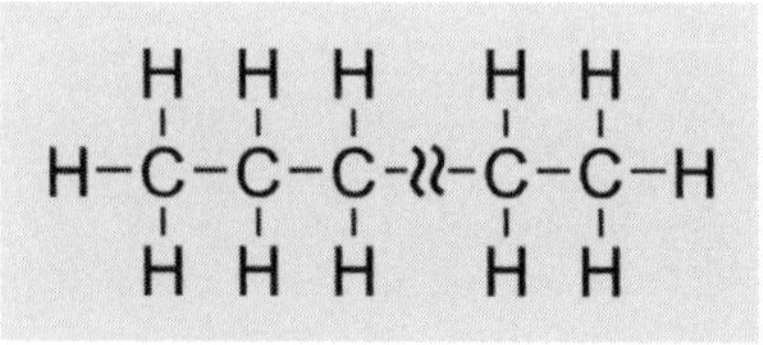

ワセリンの分子構造

知らない人も多いのですが、じつはワセリンは石油由来の鉱物油です。石油由来のものはなにかと悪者にされがちですが、ワセリンは私たちの肌にもっともやさしい保湿成分です。

・生理的に不活性で、他の成分と反応しにくい
・酸化、劣化しにくい
・微生物の栄養源になりにくく、腐りにくい

こうした特徴から医療機関では軟膏薬のベースとしてワセリンをもっとも信頼していま す。薬効成分の効果を邪魔しないからです。皮膚科の先生はしばしばワセリンをごく薄く塗ることを推奨しますが、それは微量のワセリンであれば肌の変化(回復)を邪魔せず、体と常在菌にも影響がほとんどないからです。

ただ、ワセリンやワセリン配合クリームのべとつきが気になる方は、精製ホホバオイルなどそれに準じたオイルが配合された美容クリームが無難です。その中から肌質に合うものを複数選び、季節や体調に合わせて使い分ける、いうなれば「肌の衣替え」をすることで肌質の急な変化を避けることができます。

美容クリームは乾燥を止めると言うよりも、大きな変化が生じないように日常から変化をコントロールする技術。粘度が高ければ高いほどいいというわけではありません。変化に応じて使い分けられる美容クリームが最適。いまのところはワセリンが成分としてはベストと言ってしまってよいと思っています。

第6節 UV対策——肌最大の敵は「紫外線」

——敵を正しく知る

肌の最大の敵は紫外線です。

紫外線は日常的に降り注いでいますので「最大の敵」とは大げさな表現に聞こえますが、実際は想像以上の破壊力があります。

普段は紫外線にそれほどの脅威を感じないのは、服や体毛やメラニンといった何気ない防御力が働いているからです。しかしそれだけでは十分でないことは私たちが経験している通りです。顔や腕が日焼けしてヒリヒリしたり、長年日に当たりすぎた場合にはシミやシワができたり、これらは紫外線を浴びたことによる結果です。

敵をさらに詳しく理解することで、より美肌に近づく余地がまだたくさん残されています。

まず紫外線とは何か？　光のスペクトル図をこのページに掲載しましたが、カラー画像でないとわかりにくいと思いますので、「可視光線」で画像検索をしてみてください。紫外線は太陽光の中でもっとも人体に影響を与える光です。名前の由来は虹の紫色の隣に位置する光だからですが、目に見えないために虹は紫色で終わっているように見えます。紫外線が人体に与える影響とは「化学反応」によるもので、その影響力の大きさから「化学線」とも呼ばれます。化学線という名前から、その恐ろしさが伝わります。なお、虹では紫色の逆サイドに赤があり、その隣には赤外線があります。紫外線と同じく目には見えませんが、赤外線

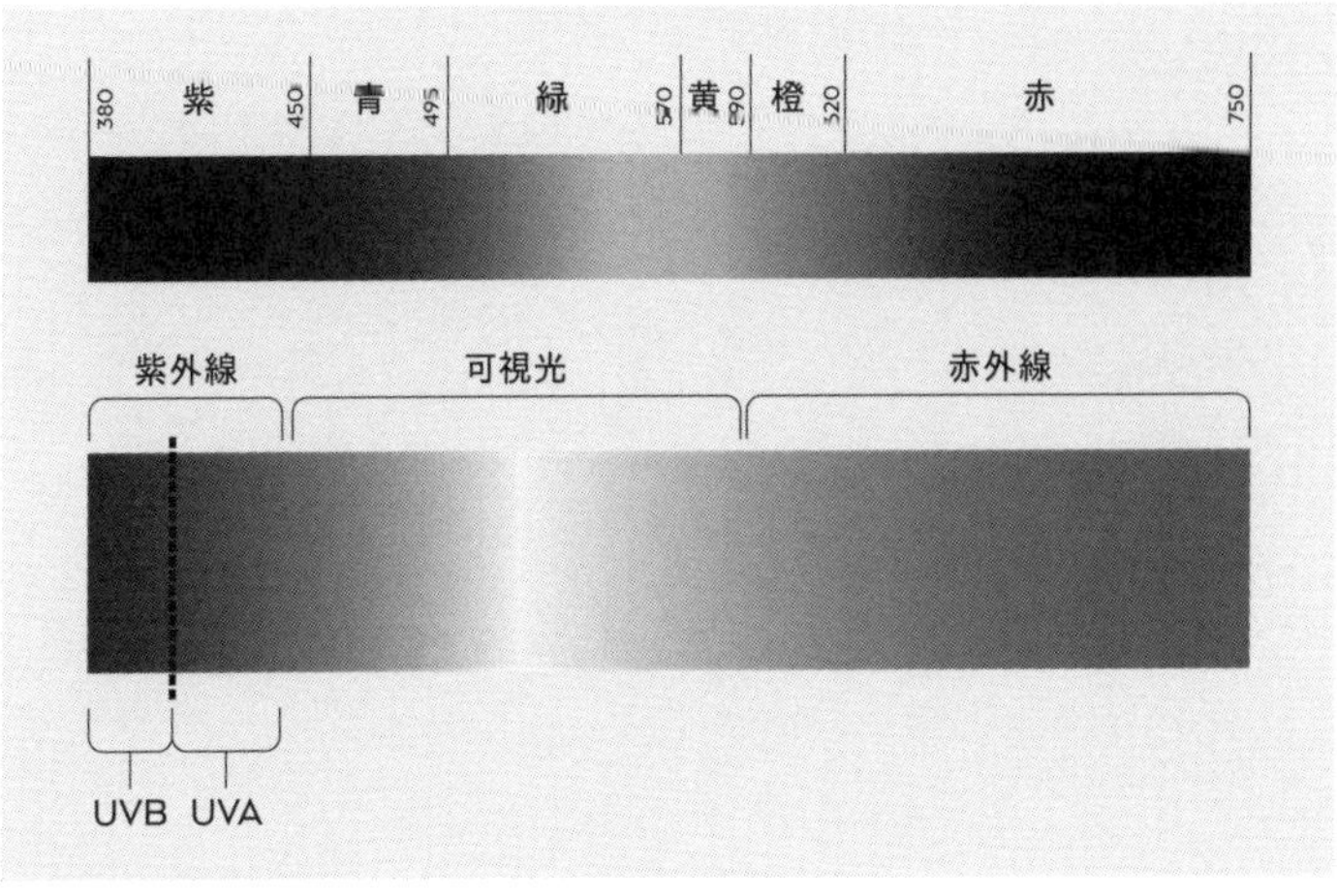

光のスペクトル図

は熱として人体に影響を与えます。そのため赤外線は熱線とも呼ばれます。

ここで素朴な疑問が湧きます。なぜ紫は赤の逆サイドなのに赤が混ざって見えるのでしょうか。人間には赤・緑・青の3つの色覚センサー(錐体)が、目の奥の網膜にあります。それぞれその色の波長に反応するようにできていますので、赤の逆側にある青に赤が混ざるのは不思議です。

それは人間の赤色を感じるセンサーが、逆サイドの青の波長にも一部反応できるようになっているからです。もし赤のセンサーが青にまったく反応しなければ、紫外線は「青外線」という名前になっていたでしょう。これはもしかしたら紫外線への危険性を知らせるために、わざわざ赤のセンサーが紫外線側にも反応するようになったのかもしれません。私の勝手な想像ですが。

——波長とは何か

光のスペクトル図を再度ご覧いただくと小さな数字がありますが、これは「波長」を表しています。波長とは文字通り「波の山の長さ」のことです。山と山の間の長さとも表現できます。赤い光の方が長い波長(大きな数字)、青い光は短い波長(小さな数字)になっています。

波長と聞くとわかりにくく響きますが、波が長かったり短かったりすると、ある距離での波打つ回数が変わります。たとえば1mの距離を波長が短い光が走ると、波打つ回数が多くなります。（なお、「何が波打っているのか」という疑問がありますが、これは学者でも意見が分かれます。一説には「空間そのものが波打っている」と考えられています。）

そしてこの「波打つ回数」が「エネルギー」になります。丁度太鼓のイメージです。波打つ回数が少ないとエネルギーは小さく、波打つ回数が多いとエネルギーは大きくなります。

赤色や赤外線は波が長いので波打つ回数が少なくなり、エネルギーが小さくなります。エネルギーが小さいということは、体に与える影響も小さいので、安心して温まることができます。また、赤外線はエネルギーが小さいため他の物質とお互いに反応しにくく、物質をすり抜けやすくなり、遠くまで届きます。赤信号が遠くまで見えたり、夕暮れが赤く染まったり、炭火の遠赤外線でお肉の外を焦がさずに中を加熱することができるのは、赤外線の小さなエネルギーのおかげです。

しかし紫外線はその短い波長のために高いエネルギーを持っているので、物質を通り抜けることができません。肌に当たっても肌のごく表面（1〜2㎜）程度しか浸透しません。ということは、肌という薄い皮膜に、紫外線の全エネルギーが集中してしまうということです。ここに、紫外線の怖さがあります。

——紫外線の破壊力

では紫外線の振動数はどれくらいでしょうか。紫外線の振動数は「1000兆回」です。大きすぎてわけが分かりませんが、電波の100万倍の回数です。しかも波長はナノメートル、つまりヒトの遺伝子やたんぱく質と同じサイズなのです。遺伝子やたんぱく質に1000兆回という振動が直接伝わってしまう。紫外線の危なさが実感できます。

紫外線の影響力の大きさを具体的に見てみます。紫外線はその高いエネルギーで肌表面の化学反応に影響を与えます。ビタミンDの合成のエネルギー源になるなど良い影響もありますが、多くの場合たんぱく質を破壊し、肌細胞を壊し、特に遺伝子への悪影響はたいへん深刻なものです。遺伝子は直径が1～2nmくらいの糸ですが、人体のすべてのたんぱく質の設計図です。ここに紫外線が衝突すると、たんぱく質を作るための設計図である分子の結合が切れたり、ずれたりします。傷ついた遺伝子は、間違ったたんぱく質や細胞を作り出すことがあります。これが体のメカニズムを狂わせたり、ガン細胞を生み出したりします。

波長の短い電磁波は紫外線のほかにX線やガンマ線と呼ばれるものがあります。紫外線の次に波長が短いのがX線で波長が数ナノメートルくらい。それよりさらに波長が短いのがガンマ線です。X線やガンマ線は「放射線」とも呼ばれ、それらを浴びることを「被爆」と呼び、ガン細胞を生み出す可能性が知られていますが、紫外線にもそれと同じ破壊力があります。深刻な症状になるまでの時間に少し差がある程度です。

太陽から放たれるこうした危険な短い電磁波を吸収し、地表にまで届かないようにしてくれているのがオゾン層です。オゾン層は、地球が誕生してしばらく時間が経ってから、ようやくできあがったことが知られています。上空にできるまでほとんどの生物は海に生息していたのですが、紫外線が降り注いでいるために、生物は海から陸に上がることさえできませんでした。これができることによって、生物は陸上でも生活することができ、徐々にその種類も多様になっていきました。

そのオゾン層も環境破壊によってどんどん薄くなり、場所によっては危険な電磁波が通り抜けてしまうオゾンホールもできてしまっています。今は人類史上もっとも紫外線を気にしなければならない時代と言えます。

――もっとも怖いのはUVA

紫外線には波長の長いもののほうからUVA（400～315nm）、UVB（315～

280nm)、UVC(280nm未満)という3種類があります。それぞれ下のような特徴があります。

UVA(400~315nm):色素沈着(サンタン)
UVB(315~280nm):日焼け(サンバーン)、ビタミン生成
UVC(280nm未満):殺菌作用

UVCは3つの中でもっとも波長が短いのでエネルギーも最も高くなります。コンビニの入り口などでたまに見かける青い光の殺菌灯に使われている紫外線がまさにUVCです。しかしUVAやUVBのほうが、美容業界では圧倒的に話題に上がることが多いです。それはUVCが大気によってほとんど吸収されているためです。

波長が長いUVAは紫外線の中でもっとも奥まで届きます。赤外線ほどではありませんが表皮をとおりこして真皮まで届いてしまいます。UVBの場合は肌表面が焼けたりメラニンが増えたりするだけですが、UVAの場合は肌の内部構造や遺伝子を傷つけ、シワの直接的な原因になります。

開発当初のUVクリームは日焼け対策を主な目的に開発されたため、防ぐ紫外線は

ＵＶＢだけでした。「ＳＰＦ」という言葉がすっかり浸透していますが、この数値もＵＶＢに対する効果だけを表したものです。

しかし紫外線への理解が進むにつれ、ＵＶＢよりもＵＶＡの方が怖いということがわかってきました。そこで「ＰＡ」というＵＶＡ用の効果数値が新たに登場しました。

よく知られている通り、ＵＶＡは冬場でも量があまり減少しません。地表に届く紫外線の99％がＵＶＡになることもあります。皮膚の真皮にまで到達し、肌の弾力を生み出しているたんぱく質を変性させ、老化とシワを促進します。ちなみに、ＵＶＡによる色素沈着（サンタン）はＵＶＢによって生成されたメラニンがＵＶＡによって褐色に変色したものです。

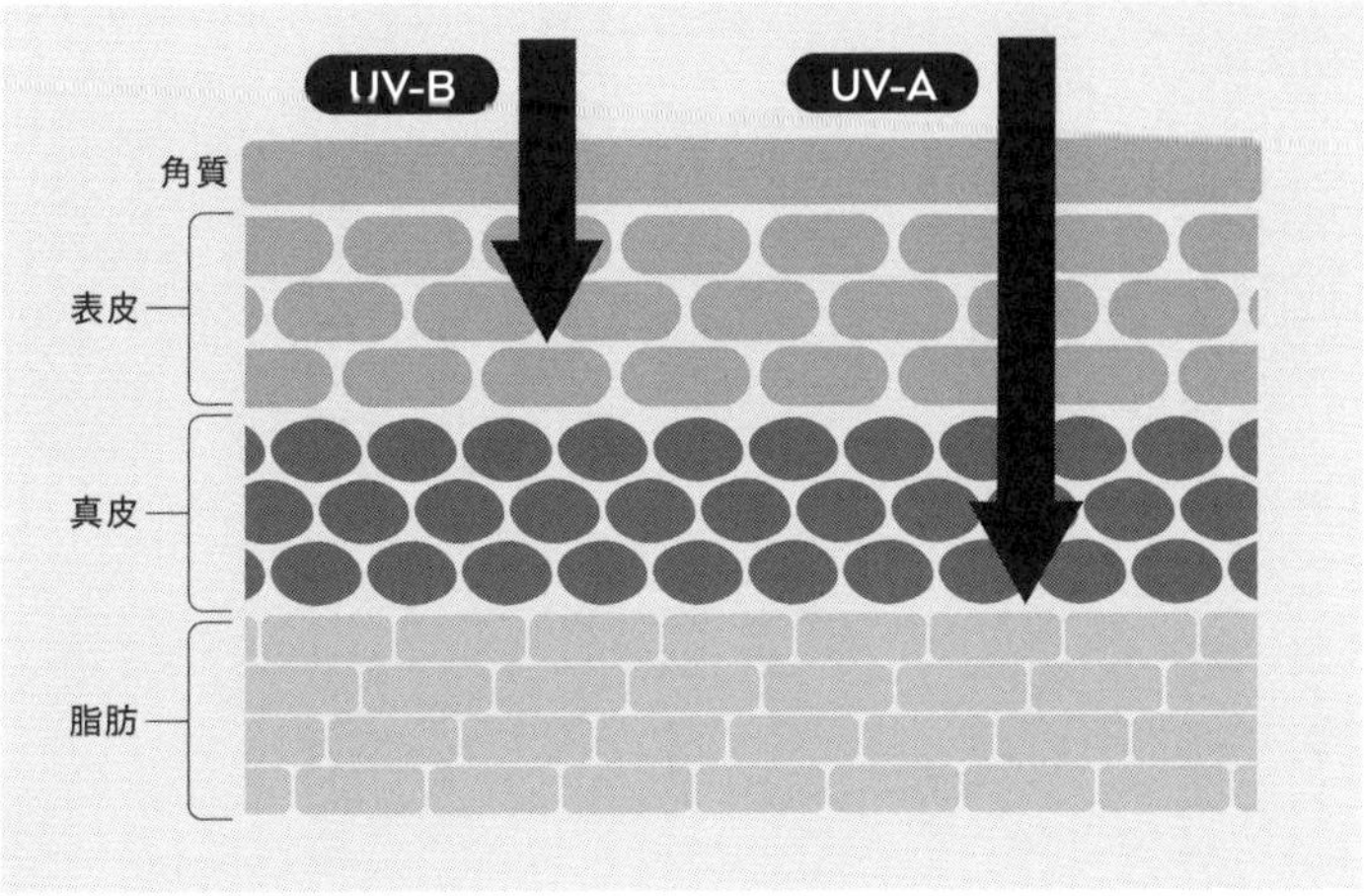

UVAとUVBの波長の違い

夏は対策をとるかたが多いので、紫外線問題とはむしろ冬場のＵＶＡだと訴える研究者もいます。美肌を長続きさせるためには、一年を通じた「ＵＶＡ対策」が必要です。

――そもそも「酸化」とは？

紫外線は二つのメカニズムによって肌を攻撃します。直接的な攻撃と、間接的な攻撃です。

直接的な攻撃：ＵＶのエネルギーによって物質の結合を直接切断します。
間接的な攻撃：ＵＶによって発生したラジカル（酸化力を持った成分）が物質の結合を切断します。

どちらも一言でいえば「酸化力」による結合の切断です。スキンケアでよく目にする言葉ですが、**酸化とはそもそもどんな現象**なのでしょうか。
短い波長で細かく振動している紫外線が、たんぱく質や遺伝子など長く連なった化学成分に衝突すると、その大きなエネルギーによって結合を切断することがあります。これが紫外線の直接的な「酸化的切断」と呼ばれるもので、この現象を一言で「酸化」と呼んでいます。日常の分かりやすい例をあげると、紫外線による服の退色です。多くの染料は、化学成分の結合によって特定の色を吸収することで発色しています。この結合部分に紫外線が衝突すると結合状態が変わり、それにともなって色が変わります。

間接的な攻撃の場合は、紫外線はまず水などに吸収され、酸化力を持つ粒子（ヒドロキシラジカルなど）を生み出します。このラジカル（酸化力を持った成分）がたんぱく質や遺伝子を攻撃し、結合を切断します。これもラジカルの酸化力によるものです。

こうした紫外線やラジカルの酸化力に対抗するためには、ビタミンなどの体内の還元力によって打ち消す方法もあるのですが、体を酸化させるものをそもそも入れない、発生させないという対策がもっとも効果的です。だからこそ、こまめに日焼け止めを塗布するという、従来からの方法がいちばん適切なのです。こまめに塗布する場合、UVクリームのコストが少し気になります。特にSPF数値の高いものは効果も高いように感じ、高価でもそちらを選んでしまいがちです。しかし私は、**SPFが20程度でも安価なクリームを多く使用することをおすすめします。**その理由を詳しく説明します。

——知ってるようで知らないSPFとPA

UVクリームでよく見かけるSPFやPA。数字だけをみると、できるだけ高い数値がいいのではないかと思ってしまいます。SPFであれば「50+」、PAであれば「++++」といった最高値を求めがちです。店頭でも、むしろその値の商品しかないのではないか、といったような印象を受けます。

しかしアメリカやオーストラリアなど紫外線対策先進国の保健機関は、そうしたミスリードに警鐘を鳴らしています。**SPFは「20」程度、PAは「PA++」程度は必要ですが、それよりも高い50+や+++はオーバースペックとしています。**

理由は3つあります。

1. 日常生活における防御効果は十分にあるから

米国FDA(食品医薬品局)は、日常生活においてSPFは15以上、PAはPA+以上あれば十分であるとしています。SPFは肌に届くUVの量を表しており、たとえばSPF15はUVが15分の1(7%)しか届かないことを表します。SPF 20であれば5%にすぎません。日常的な紫外線対策であればＳＰＦ20で十分なのです。実際にＦＤＡの調査では、ＳＰＦ50を使用した人が特に優れた効果を得ている証拠はないと表現しています。

2．高価だと少なく塗るから

専門家が特に心配をしているのは、ユーザーが規定量よりも少なく塗っているのではないか、ということです。実際に調査ではほとんどの人が規定量の４分の１しか塗っていないとのデータもあります。とくに高価なＵＶクリームを購入した場合はもったいないと感じて塗布量が少なくなりがちです。顔、腕、首、足をカバーするには30ｇは必要ですが、日本には１００〜３００ｇ程度の小さなボトルばかりです。たった10回で使い切ってしまう量です。オーストラリアのような紫外線対策先進国ではシャンプーボトルのような商品もあるほどです。

3．配合量が多いと肌への負担になるから

ＳＰＦ 50＋のような商品には当然、それ相応の紫外線防止剤が配合されています。特

に酸化チタンや酸化亜鉛のような粉末の場合はクレンザーのように粉末で肌をこすることになります。

しかもUVクリームは2~3時間ごとの塗り直しが必要です。そのため皮膚科医等の専門家は「ポンポンと押さえるような」塗布方法を推奨しています。また多すぎる紫外線防止材は、乾燥を早めたり、肌の油分を取りすぎることもあります。

数値で示されると数の大きいものを選びたくなりますが、必要な値をクリアしていれば問題ないのです。紫外線も、十分理解すれば恐るるに足らず。適切にかわし、しっかり防御して、美肌を長続きさせることが可能なのです。

第7節

運動——体と肌の関係

なぜ運動は「続かない」のか

運動は毎日されていますか？

適度な運動が体や肌に良いことは分かっていても、毎日の仕事や家事に追われて、つい途中で途切れてしまいます。最初は体力も追いつかないので、習慣になる前にバテてしまい、なかなか続きません。しかし運動と肌は私たちが思っている以上に密接に関わっていますから、この「続かない問題」は深刻です。

情報があまり整理されていない点でダイエットも美容によく似ています。方法も、目指す目標も、マーケットから与えられたものに頼りがちです。

ダイエットも基本に今一度立ち返り、全体像を眺めてみたいと思います。運動した時、私たちの体に何が起きるのか。どうすれば、自分らしい健康な体が手に入るのか。それがはっきりすれば、自分に合った方法論とその効果が理解でき、モチベーションも少しは長続きしそうです。

人類史上最大の「思い込み」

体のシステムについて考えてみます。

運動が美容に関わっているのはなんとなく分かりますが、実際どのように肌に良いのかについては漠然としてよく分かりません。血行や代謝がスムーズになって、筋肉がつき、余計な脂肪が燃焼され、老廃物の排出がスムーズになるからかな、という程度の理解です。

体のシステムは基本的なことですので、もっと情報があってもよさそうですが、目にするのは運動や成分の個別の効果に関するものばかりで、踏み込んだ解説は不思議と目にしません。こう動かせば、ここの筋肉がつく。これを飲めば(とにかく)やせる……というような結果論ばかりです。

だからでしょうか。運動の目的は「負荷をかけること」に偏りがちです。

ウォーキングやスロージョギングなど負荷がソフトな運動も注目されますが、それでも慣れない間はついペースが上がり、息が上がって、意外ときつく感じます。それは「**負荷**

をかければ運動ではない」という思い込みがあるからだと思います。

そもそも「運動不足だとなぜ不健康になってしまうのか」という根本的な疑問に触れることがほとんどありません。植物は動きませんがいつまでも健康です。なぜ動物は動かなければ不健康になってしまうのでしょうか。

実はそこにもう一つ、人類史上最大と言ってよいほどの「思い込み」が関係しています。それは**「体は脳が中心」だという思い込み**です。

――脳中心ではない、体内の対話

体の基本的なシステムを考えるとき、つい「脳」が中心だと思ってしまいます。

実際に医学界でも最近まで「脳が体を支配している」と考えられてきました。脳が全身に指令を出し、臓器や手足を動かしている、という風に。ところが、血管やリンパや神経といった全身を巡る「循環システム」を調べていくと、どうやらそうではない、ということが分かってきました。

全身に張り巡らされた循環システムでは、血液やリンパ液とともに「伝達物質」と呼ばれる化学成分も循環しています。

伝達物質は胃や腸など、各臓器がお互いにどのように活動すればいいのかの「情報」を伝え合うための成分です。具体的にはホルモンやたんぱく質などで、その種類はまだ調査中ですが４００種類以上になります。

そしてその伝達物質は脳だけが出しているわけではなく、指示系統は「脳を頂点としたピラミッド型システム」ではなかったのです。明らかになったシステムでは脳も単なる一つの臓器にすぎず、その指令は、すべての臓器から同じように出されていたのです。つまり体のどこにも中心はなく、すべての臓器が並列だったのです。

なぜ私たちは脳を特別と思ってしまったのでしょうか。そもそもそこが人間の浅はかさなのかもしれません。脳には意識がありますが、それをもって人間を「特別」だと思い込んでいたフシがあります。しかし考えてみれば、ほかの動物も人間にはない特別な能力を持っています。すべての動物がそれぞれ特別です。

体の臓器もまさにそんな関係でした。すべてが特別で、優劣などなく、お互いがお互いを支えあうようにメッセージを出し合っていました。たとえば腸の細胞は胃から食べ物が降りてくると「栄養をそろそろ送り出しますよ」というメッセージとして「インクレチン」という伝達物質を全身に送り始めます。それによって他の臓器は事前に栄養を受け入れるための準備をすることができます。

こうした成分のことを専門用語で「伝達物質」と呼んでいます。ＮＨＫでは特別番組が組まれ、「ＮＨＫスペシャル　シリーズ人体」として放送されたのですが、そのなかでは「メッセージ物質」と呼び替えていました(https://www.nhk.or.jp/special/jintai/)。とても良い表現だと思いますので、ここでもメッセージ物質と呼びたいと思います。


このメッセージ物質を理解すると、冒頭の「運動不足でなぜ不健康になるのか」という理由がはっきりします。それはメッセージ物質が循環できず、各臓器の連携がうまくいかなくなるからです。

動物の循環系は植物と異なり、筋肉にかなり依存しています。これを「筋ポンプ」と呼びます。足(とくにふくらはぎ)を「第二の心臓」と呼びますが、これはふくらはぎの筋ポンプが全身の循環システムに欠かせないからです。

ウォーキングやスロージョギングはまさにこの循環システムの回復が目的です。足を動かし続けることで、循環をスムーズにして、メッセージ物質を全身に届け、各臓器の「対話」をスムーズにします。それによって全身の機能が回復し、健康を取り戻すことができます。

それは「人体最大の臓器」と呼ばれる肌も同じです。肌は日本人の成人で約1・6㎡（畳1畳分）の面積がある最も大きな臓器であり、しかも最も外側にあります。そのためメッセージ物質の到達も遅く、循環も滞りがちです。

――体を動かすと肌に何が起きるのか

肌は体の一番外側にあります。ですからメッセージが届けられるのもいちばん最後です。ヒトの血管は全身で10万km（地球2周半）もの長さがありますから、血の巡りが悪くなれば、メッセージ物質は届かなくなります。

体調が崩れると、まず最初に肌に表れますが、これは栄養成分の配達が後回しになることに加え、各臓器からのメッセージ物質が届きにくくなるからです。栄養を受け取るための準備すらできなくなるのです。

肌に乾燥やつっぱりなど違和感を感じたら、まずすべきことは「循環」を取り戻すこと。循環を取り戻して、肌に正しいメッセージを送ることです。そのように考えると、過剰な負荷は必要ないことが分かります。まずはウォーキングやスロージョギングなど、ほとんど負荷を感じない程度の「続けられる」運動で十分です。

なお、スロージョギングとは隣の人と会話できる程度に疲れないペースで行うランニングのことです。歩くペースとほぼ同じか少し速い程度（時速3〜5km程度）で想像よりもずっと遅いペースです。しかし実際にやってみるとこれが意外ときついのです。冒頭に述べたような「負荷をかけないと運動ではない」という思い込みによる頑張りすぎもありますが、そもそもスロージョギングなんて普段することがないので、使う筋肉が違うのです。スロージョギングを含めて、何をやっても続きにくい秘密がここにありそうです。

スロージョギングを始める前に、まずは「負荷をかける」ことを一度忘れてみる必要があります。そして運動の目的を「循環を促す」程度にしておくと、軽い気持ちで始められそうです。

そして「インターバル」を積極的にとり入れることも効果的です。ジョギングとウォーキングを交互にしたり、数日おきに休日を入れるなど、ダイエットのチートデイのようにオンオフを積極的に取り入れると、さらに楽に続けることができると思います。

さて、循環を取り戻して、メッセージ物質が肌に届きだすと何が起きるのでしょうか。メッセージ物質は届いた先で「細胞が何をすれば良いのか」を伝えるための物質で「リガンド」と呼ばれます。メッセージの受け手は「レセプター（受容体）」です。

◉主なリガンド

ミネラルイオン
アミノ酸
活性たんぱく質
モノアミン類

◉主なレセプター

たんぱく質共役型受容体
酵素共役型受容体
イオンチャネル共役型受容体

他にも多くのリガンドが肌の代謝に関わっています。栄養成分だけでなく、そうしたメッセージが肌に届かなければ、代謝自体が始まりません。

体を動かせば、循環が始まります。そして循環そのものを支えている心臓や血管が回復しますが、同じように**第二の心臓である「筋ポンプ」**も鍛えられ、循環が力強くなります。

――美を支える筋肉

筋ポンプとは具体的にどのような仕組みのポンプでしょうか。

心臓も筋肉によって4つの心室をまさにポンプのように伸縮させて血液を送り出したり吸い込んだりしています。

筋ポンプも仕組みは同じです。ただし、筋ポンプが伸縮させるのは「静脈血管」です。静脈血管には逆流防止の「弁」がついていますが、筋肉が収縮した時には血液が送り出され、伸びてゆるんだ時には弁が働いて逆流しないようにしています。その繰り返しで歩くたびに血液をどんどん送り出しています。

ウォーキングやスロージョギング程度の軽い運動によって筋ポンプは十分に鍛えることができます。そしてもっとも大事なことが「続けること」です。これは私がもっとも苦手にしていることですが、上のようなメカニズムを理解することでモチベーションを少し上げることができるかもし

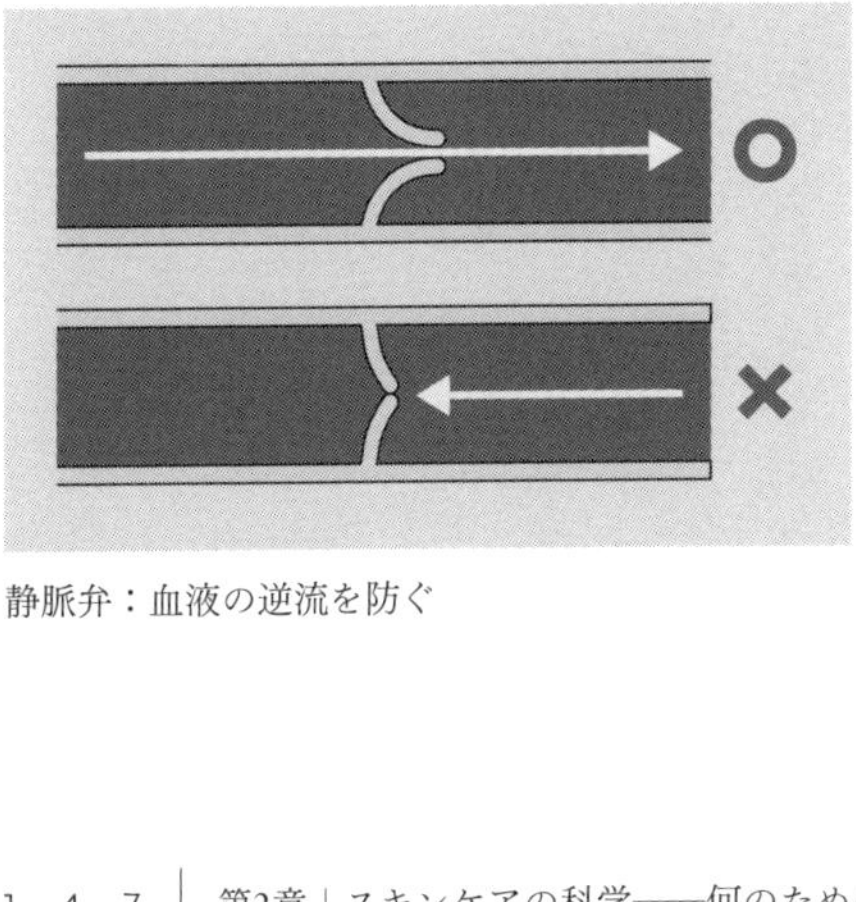

静脈弁：血液の逆流を防ぐ

れません。歩くことで腹筋は割れませんが、筋ポンプが鍛えられていることは実感できます。それによってメッセージ物質が全身に循環している様子が想像できます。そして代謝が活発になることも実感できます。

最後にさらにもう一つ、筋肉のメリットについて触れておきます。それは「脂肪を燃やしやすい筋肉」についてです。

これまで、人体にありふれたビタミンやミネラルの重要性について触れてきました。特に気をつけたい成分として、ビタミンAやビタミンE、そしてカリウムイオンなどを紹介しました。そうした元々体内にありふれた成分だけど大事な成分は、筋肉の場合「カルニチン」です。

カルニチンは脂質の代謝に関与するビタミンに似た成分で骨格筋に多く存在し、ミトコンドリアのエネルギー産生に重要な役割を持ちます。赤身の肉、魚肉、鶏肉、牛乳などの動物性食材に豊富に含まれ、肉の色が赤ければ赤いほど含有量が高くなります。ありふれているため必須栄養素ではありませんが、摂取不足や過剰消費で欠乏することがあります。日常生活では欠乏することはほとんどないとされていますが、過剰なダイエットやストレス、野菜類に偏りすぎた食生活などによって欠乏することがあります。

2011年、英国ノッティンガム大学のPaul Greenhaffらは、24~28歳の男女14名を対象に、Ｌ－カルニチンと炭水化物を継続して摂取した際の筋肉中のカルニチン濃度と運動中の代謝について調べました。その結果、筋肉中のカルニチン濃度は20％増え、エネルギーの産生は６％増加しました。これはつまり、適切な栄養の摂取と適度な運動によって筋肉中のカルニチン濃度が上がり、「脂肪を燃焼しやすい体質に変わった」ことを意味します。

この興味深い結果は、負荷をかけた運動によるものではなく、特別な成分によるものでもありません。栄養素のバランスと適度な循環による体調の健全化です。なおカルニチンは動物由来ではないサプリメントもあるため、嗜好に沿った摂取も可能です。

過度の運動やダイエットは、体質を健康にするどころか、不健康にする危険性もあります。

たしかにスポーツでは高度に理論化された運動が必要です。しかし日常的な健康を維持するためには、日常的な運動で十分です。商業的で新しすぎる方法論には惑わされずに、体に本来備わっている機能を維持する「じんわり汗をかく程度のごく普通の運動」を続けてみてください。ごく普通の健康がごく普通に手に入るはずです。

そして運動の後は、入浴です。この運動と入浴の組み合わせの効果も学術的に明らかにされています。

肌の上の常在菌をしっかり維持するには、彼らの栄養成分となる「新鮮な皮脂」を発汗によって補う必要があります。

皮脂を分泌するには、代謝が必要です。
代謝を促すには、栄養が必要です。
栄養を運ぶには、循環が必要です。

その循環（血行）のために運動が必要だという話をまとめたところですが、実は肌表面の血行は運動だけでは不十分であることが分かってきました。

次は、運動だけでは完成しない、入浴の美肌効果について詳しくみてみます。

第8節

入浴——毎日のルーティンをあらためて考える

——運動と入浴の組み合わせ

適度な運動は全身の血行を促し、肌を健全にします。しかし肌の表面近くの毛細血管まで考えると運動による血行促進だけでは不十分であることが最近の研究で分かってきました。

先述した通り、肌は最大の臓器で、しかもいちばん外側にあります。そして血液や栄養をそこまで運ぶのは細い毛細血管です。肌表面の毛細血管はとても細く、赤血球が1個なんとか通り抜けられる程度です。そのため全身運動や第二の心臓でさえ、血液を肌の表面の細いトンネルに十分行き渡らせるには不十分です。

運動と入浴における心拍数の増加を調べた研究があります。200mを72秒で走った運動（時速10㎞）と、41℃のお風呂に10分間浸かったときの心拍数の増加量を比べたところ、結果は同じでした。血行の促進においては運動も入浴もあまり違いがないようです。

しかし**入浴では皮膚表面の毛細血管に拡張が起きます**（温熱性血管拡張）。そのため心拍数の増加が皮膚表面近くの血管にダイレクトに効きます。皮膚表面の血流の増加によって酸素が皮膚組織に行き渡り、二酸化炭素の排出もスムーズに進みます。

運動時の血流は筋肉中の代謝を促進しますが、これは入浴ではあまり見られないことも分かりました。走行運動では筋肉中の解糖系代謝が促進され、ＴＣＡサイクルによる酸化の抑制が起きています。一方入浴ではそうした活動はあまり起きていない代わりに、皮膚表面の代謝が促進されていました。

体内と体表面の代謝を両方とも活発にするには、運動と入浴の組み合わせが欠かせません。エクササイズの後の入浴は、身体的な心地よさが示している通り、理論的にも大正解でした。

――どんな入浴が良い入浴？

運動の後の入浴が肌に有効であれば、次に知りたいのはお風呂の入り方です。どんな入浴が理想的なのでしょうか。

全身浴、半身浴、反復浴。
温度は39℃、40℃、41℃。
体はこする？　こすらない？
そもそも洗う？　洗わない？

私は入浴に関してはすべて正解だと思います。
デトックスなど、そもそも入浴を逸脱したような行為は別として、上に挙げたようなライフハック程度の入浴ノウハウは、**心地よければどれも正解**であって、何か不都合が起きることはほとんどないと思います。

「別府八湯《べっぷはっとう》」という言葉をお聞きになったことはあるでしょうか。大分県の別府は源泉数、湧出量ともに日本一の温泉地ですが、とても多くの種類の泉質があり、総称して「別府八湯」と呼ばれています。これも、上のような様々な入浴法に似ています。どれに入っても大きな不都合はありません。しかし選べば、とても良い効果を生みます。

アルカリ性単純泉、酸性単純泉、炭酸塩泉、炭酸水素塩泉、塩化物泉、硫酸塩泉、硫黄泉などなど。それぞれの泉質によって効果効能が異なります。面白いことに、温泉の効果効能は厚生労働省ではなく、環境省によって指定されています。これも、昔から親しみのある温泉は過剰に気にすることなく、体調に合わせて気持ちよく選ぶ付き合い方で十分だと専門家は考えているのでしょう。

日常の入浴法も、こうした泉質の違いのようなものだと思います。

逆に言えば、入浴法をどれかに固定する方が問題がある、という考え方にもつながります。根拠の薄い入浴法を無理して続ける必要はありません。なによりも自身の体調や心地よさに合わせて柔軟に変えるほうが、肌にやさしいのです。

――タモリ式入浴法は40代後半以降に適している

特に分かりやすいのが「タモリ式入浴法」だと思います。タレントのタモリさんが石鹸を使わずに長湯によってすべすべの肌を維持しているという話をされた後、それを実践する方が増えました。おそらくご本人にとって心地よい入浴法なのでしょう。ただし、万人に合うわけではなさそうです。

特に皮脂の分泌が活発な40代以前や、発汗の激しい仕事の方には合わない入浴法です。

皮脂の分泌は年齢によって大きく変わります。生まれてすぐは肌が無防備なので母親が準備したホルモンの働きによって皮脂の分泌が多いですが、皮膚の常在菌が整うようになると皮脂の分泌は減少し、思春期まで少ない状態が続きます。思春期を迎えてホルモンの産生が活発になると再び皮脂の分泌が活発になります。皮脂は湿潤性、摩擦性、伸展性という肌の重要な性質を補強しますが、大人としての本格的な身体活動を始める準備なのでしょう。

こうした皮脂の分泌が活発な青年期にタモリ式入浴法を実践してもとてもうまくはいきません。皮脂の分泌が減少しはじめる40代後半以降でないと、実践するのは難しいかもしれません。

同じように年代や季節や生活習慣によって適した入浴法は変わります。どれかに固定せず、湯上りに気持ちのよい入浴法を選ぶことが重要です。選ぶためには、入浴によって体に一体どのようなことが起きるのか、メカニズムを知っておくことは有意義だと思います。

——入浴によって起きること

入浴で体に起きるイベントは大きく3つであり、「温熱」「洗浄」「浸透」です。

「温熱」はお湯から直接受ける対流熱と、遠赤外線による放射熱(輻射熱)の2つがあります。

「洗浄」は主に温熱発汗、アルカリ性、界面活性剤の3つの効果によるもので、常在菌も大きく関わります。

「浸透」ではお湯に含まれるミネラルが水分とともに体内に浸透したり、排出されたりします。


入浴の基本的な目的は、一つ目の温熱効果によってほとんど達せられます。洗浄の一部も温熱効果によるものです。しかし現代社会では高度な清潔さを求められるため、わずかに残った古い角質(垢)や皮脂や雑菌がにおいの原因になったり、不快感の原因になったりします。

そのため石鹸やボディソープといった界面活性剤が登場することになりますが、これらはあくまでも「補助」です。毎日使用することになんら差し支えありませんが、界面活性剤はあくまでも洗浄の「補助剤」であるという認識が肌を健康に保つうえでとても重要になります。

まず「温熱」ですが、肌に伝わる熱は対流と放射の2つがあり、対流とはお湯が直接肌に接触して表面から伝わるケースです。家庭での入浴はほとんどすべてがこの対流熱です。放射は遠赤外線に代表されるように岩石などの物質から放射される熱です。電磁波として肌の内部まで浸透して伝わります。ただし、遠赤外線が肌に浸透するのはせいぜい0・2㎜程度で、すぐに熱に変わり、血液を通して全身に伝わっていきます。骨まで浸透して芯まで温まっているわけではありません。

家庭の浴槽は金属やうすいプラスチックなので遠赤外線の放射量が少なく、その恩恵を受けることができませんが、温泉地の岩風呂では岩石からの遠赤外線を浴びることができるため、対流熱と放射熱の両方で体が温まります。

特に頭を冷やしながら長時間温まることのできる露天風呂や岩盤浴は、温熱効果を得るにはとても理に適っています。温熱によって筋肉や肌の代謝の促進はもとより、**時間をかけてゆっくりやさしく古い皮脂を溶かし、角質を柔らかくする**ことができます。

次に、ひとつ飛ばして「浸透」についてですが、温熱効果によって柔らかくなった皮膚と、古い皮脂が溶解して開いた毛穴から、様々な成分が浸透したり排出されたりします。その成分とは主にミネラルなどのイオンであり、温泉の効能の多くはカリウムイオンや炭酸水素イオンの吸収や働きによるものです。詳しくは第2章第3節「化粧水」をご参照ください。

――入浴のメインイベント「洗浄」

入浴の最大の目的は「洗浄」であることが多いですが、洗浄に関わるメカニズムは温熱発汗、アルカリ性、界面活性剤の3つです。

まず温熱によって新鮮な汗と皮脂がそれぞれエクリン腺と皮脂腺から出されます。もう一つアポクリン腺もありますがこちらは温熱よりも精神性刺激によって活発になりますから入浴の発汗にはあまり関与していません。

エクリン腺から排出される汗は99%以上が水分であり、わずかにミネラル、乳酸塩、尿素、皮脂が含まれます。皮脂腺から出される皮脂はまさに油成分であり、トリグリセリド(油脂)、ワックスエステル、脂肪酸、スクアレンなどです。トリグリセリドの多くは常在菌によって脂肪酸とグリセリンに分解されます。

なかでも脂肪酸は優秀な界面活性剤であり、古い皮脂を水に溶かし込みます。溶かし込まれた古い皮脂はエクリン腺から出された汗によって浮かし出され、お湯によって洗い流されます。

多くの古い皮脂はこうして温熱と発汗によって洗浄されますが、古いたんぱく質を落とすにはアルカリ性が威力を発揮します。固形石鹸は弱アルカリ性ですが、実はこの**弱アルカリ性こそが適度な洗浄力**として働きます。そのため弱アルカリ性の温泉では石鹸がいりません。

こうした基本的な洗浄メカニズムをながめると、洗浄剤に中性や弱酸性は求めすぎないほうがいいのではないかと感じます。もちろん泡切れの悪い洗浄剤がアルカリ性だと肌に残って刺激になってしまいますが、だからこそ泡切れの良い純石鹸はベストです。弱アルカリ性で古いたんぱく質を溶かして浮かせて、さっと洗い流すのは肌の洗浄に適しています。

こうした発汗とアルカリ性による洗浄でも不快感が残ってしまう場合に、界面活性剤(洗浄剤)の出番です。冒頭に、洗浄剤はあくまでも「補助的な洗浄」だと表現しました。温熱発汗とアルカリ性石鹸によってほどよく洗浄することに肌が慣れれば、いわゆるタモリ式入浴が完成します。純石鹸も使うか、使わないかの二択ではなく、使用量の調節やオンオフが重要です。

洗浄と常在菌の奇妙な関係

洗浄の際、気になるのは、肌の上に住んでいる常在菌たちです。私たちと常在菌は共生関係にあり、私たちが皮脂など常在菌たちの栄養分を提供する代わりに、彼らは肌に必要な保湿成分や抗菌成分を産生し、肌の健康を守ってくれています。

皮膚には部位によって異なる微生物群が住みつき、私たちの地球と同じような地図を作っています。どこにどんな菌が住んでいるのかはまさに地球上の国々のようにしっかり分かれており、たとえば顔はプロピオン酸菌属が優勢であり、腕では表皮ブドウ球菌が、へそや股間ではコリネ微生物群が優先だったりします。もちろん個人差も大きく、人種によっても様々です。しかしおおむねこの3種類が全身に広がっています。

皮膚の上にはこうした微生物群が1cm四方あたり1〜100万個ほど住んでいます。そんなにびっしり？と驚きますが、計算してみると意外とそうでもありません。菌の体長はだいたい1ミクロン（1ミリの1000分の1）ですが、それを私たちと同じ大きさ（1m）にした場合、１㎝四方は兵庫県西宮市（10㎞四方）くらいの広さになります。実際の西宮市の人口が48万人でほぼ同じくらいですから、距離感が想像できます。混んでいるところは混んでいますが、場所によってはゆったりしているのだと思います。総数は人間の皮膚はおよそ2畳分（３・６㎡）と言われていますから、全身で３６０億個になります。

では、入浴時の洗浄で皮膚の常在菌たちはどうなるのでしょうか。一説には皮膚常在菌は入浴で80～90％が洗い流されると言われています。どの程度正確か分かりませんが、界面活性剤で表面をこすり取るわけですから実感としては納得できる割合です。

皮膚に欠かせない常在菌をほとんど洗い流すにもかかわらず、入浴後はさっぱりと気持ちよくなります。では常在菌にとって入浴は災いなのでしょうか。

一日の生活で皮膚の表面には埃と一緒に、油分や雑菌も付着します。先に示したように場所によってはゆったりしていますので、そうした隙をついて雑菌が繁殖します。こうした常在菌にとっても不都合な環境を整えるのは入浴しかありません。おそらく菌たちにとっても入浴は気持ちがよいイベントだと思います。

しかし皮膚常在菌たちは湯上り後に「増殖」しなければなりません。これについてもはっきりしたデータはありませんが、おおむね12時間ほどで元の数に戻ると言われています。

その「増殖」ステップには皮膚に残った10％が頼りです。

つまり**界面活性剤の使用は「10％を残す」ことを意識しなければならない**ことになります。

そのため洗浄はあくまでも表層だけで、こすりすぎや、洗剤の使い過ぎはＮＧです。界面活性剤とは殺菌剤でもありますので、すすぎ不足もＮＧです。まずは温熱や発汗や純石鹸の弱アルカリ性によるやさしい洗浄をこころがけ、界面活性剤の泡切れに気をつけてしっかりすすぎます。

――やさしくこするとは、どの程度の強さ？

泡切れは分かりやすいので、すすぎは問題なくできそうです。でも、「こする」行為については、「やさしく」の程度があいまいです。「やさしく洗う」は洗浄のコツとして定番ですが、そもそも摩擦がなければ洗浄はありえません。洗顔は泡でいいのかもしれませんが、体の方はどの程度の強さが「やさしく」なのでしょうか。

身体を洗う場合は手のひら・スポンジ・ブラシ・ボディタオルとツールが多いので、その際のこする強さは気になります。こすりすぎた場合、必要以上の角質層と常在菌が脱落してしまいます。角質層は体の部位によって厚さが異なりますので、薄い部位は特に気を付けてこすることになります。

具体的な角質層の厚さですが、もっとも薄いまぶたは約7層、次に薄い頬が約10層、そして体が平均約14層、もっとも厚い手足が約50層です。

身体の皮膚は意外と薄いので、頬を基準にするとよさそうです。いつも使うツールで頬をこすってみて、痛かったり、違和感があれば、それは強すぎると思っていいでしょう。頬がやさしい洗浄強さのバロメーターになります。

――未来のシャワー洗浄

最後に、未来の入浴について少し想像してみたいと思います。

私はシャワーがどこかで劇的に進化するのではないかと感じています。たとえば私はバスタブの気持ちよさに慣れていますので、シャワーばかりの欧米式を不思議に感じます。本当に疲れが取れるのだろうか、本当にしっかり洗えているのだろうか、と少し心配にもなります。しかしこれまで見てきた洗浄のステップからすれば、シャワーでも基本的な洗浄は十分できることが分かります。

まず温熱シャワーから入り、その後発汗、やさしく洗浄し、すすぐわけですから、これらのステップに必要な温水や洗浄液を段階的にシャワーで供給すれば、短時間に理想的な洗浄ができそうです。とくに「やさしさ」の観点では、手の力というアナログ操作を脱出できます。

ＳＦ映画のように立っているだけでその人の肌質に合ったステップで洗浄してくれるシャワーボックスを考えてみます。最初は徐々に温度が上がっていく温水シャワーで肌を温め、次に弱アルカリ温水で古い皮脂とたんぱく質汚れを洗浄し、次に薄められた洗浄液を含んだシャワーで全身を洗い流した後、リンスインシャワーでさっぱりと泡を切り、最後に保湿シャワーで仕上げをする。

このイメージでいけば、洗顔に最適なステップをすばやくこなす小型のハンドウォッシャーも考えたくなります。そもそも「泡で洗う」のと「手のひら洗い」の間には大きなギャップがあります。その中間程度のやさしさが、肌にはベストな可能性もあります。さらにその小型ハンドウォッシャーが水が漏れない構造であれば洗面台もいらなくなるかもしれません。肌の洗浄用シャワーは進化の余地がかなりあると思います。

英語のシャワーには雨という意味もあります。まだ入浴の習慣がなかった人類の祖先は雨が洗浄の代わりだったはずです。もしかしたら肌にとってもっとも適した洗浄は、タオルでこすったり、高濃度の洗剤をあてたりしない、シャワー洗浄なのかもしれません。もちろんいくらシャワーが進化したところで、バスタブでの癒しだけは手放せませんが。

以上、やさしい洗浄について考えてきましたが、身体の中でもっともやさしさが必要な部位は、じつは「頭皮」です。頭皮は髪へ十分なうるおいを供給しなければならないため、常に多量の皮脂で脂ぎっています。角質層は常に浮いている状態で、新陳代謝も活発で、こすればすぐに剥離します。

次は、もっともやさしさが必要なヘアケアについて考えてみます。

第9節 ヘアケア——頭を見つめなおす

——髪の危機

ヘアケアという言葉でどこまでのケアをイメージするでしょうか。ヘアケアですからまずは毛髪のケアですが、頭皮のケアまで含めるのかといえばスカルプケアという別の言葉もありますので、よく分からなくなります。結論から言えば**ヘアケアとスカルプ（頭皮）ケアは区別せずセットで考えるべき**です。スキンケアも新しい皮膚を作る真皮のケアまでがワンセットだからです。

おそらくこの「スカルプケア」も、美容業界の「新しい言葉が好き」という悪い癖によって引っ張り出された言葉なのだと思います。スカルプ（SCALP）とはもともと解剖学の用語で「皮膚（Skin）」、結合組織（Connective tissue）、腱膜（Aponeurosis）、疎性輪紋状結合組織（Loose areolar connective tissue)、頭蓋骨膜(Periosteum)」の頭文字です。しかしこの中で髪に直接関係しているのは毛母細胞がある「皮膚」だけです。毛母細胞とは毛穴(毛包)の中にあり、髪を生み出す細胞組織です。

真皮も表皮もワンセットで考えるスキンケアと同じように、ヘアケア用品も髪と毛母細胞をワンセットで考えた商品であるべきです。

別にそこまで目くじらを立てなくてもよさそうですが、言葉が別々になることで本来ワンセットであるはずのヘアケアがもし髪と頭皮で分断されてしまっているのであれば無視できません。

頭の毛穴は全身の毛穴の中でも特別です。産毛の約10倍の大きさがあり、大きなものでは0・1㎜もあります。毛髪で乾燥から守られているため常に水分率が高く、皮脂の分泌量も多いため常にやわらかく、指でひっかくとすぐに角層が剝がれ落ちます。そのため成分が浸透しやすい状態になっています。

もしそこに刺激の強いヘアケア成分が接触するとどうなるでしょうか。その成分は毛穴にやすやすと浸透し、毛母細胞に直撃します。

肌の場合は新しい皮膚を生み出す基底層と毛穴は層の位置がズレていますので、毛穴に不都合な成分が少々浸透したところで新しい皮膚を作る基底層の細胞に直撃するわけではありません。しかし頭皮の場合は直撃です。その影響は深刻です。

肌ではメイクアップで負担をかけつつも、スキンケアでリカバリーしています。シャンプーやコンディショナー、トリートメントでも同じ感覚で頭皮に負担をかけつつ、スカルプケアでリカバリーするような危険な行為を毎日続けています。毛穴に浸透する成分が育毛成分であれば良いですが、たいてい先に浸透するのはヘアケア成分です。その後に育毛成分を塗布しますので、順序が完全に逆です。

やはりヘアケアと頭皮ケアは切り離すべきではありません。頭皮を健全に保ち、栄養や育毛成分を毛母細胞にしっかり届けるヘアケアの基本を見直してみましょう。

――すすぎとマッサージが髪を救う

女性の髪の悩みが深刻になるにつれ、女性向けの発毛剤や育毛剤も増えています。しかしそれらの効果は、よく洗浄された頭皮で試験されたものです。私たちが日常使う保湿剤配合のシャンプーや、コーティング剤配合のコンディショナーの使用後に評価されたものではありません。

頭皮も肌と同じように常在菌が皮脂を分解して健全な環境を維持しています。しかし日常的に使用されるヘアケア成分が頭皮に居座ると、肌細胞や常在菌の活動が乱れます。それは新陳代謝の乱れとなり、頭皮の柔軟性が損なわれ、血行の悪化につながる「ゴースト血管」(血液が流れない毛細血管)と呼ばれる状態になり、そのまま放置すると血管自体が無くなってしまうこともあります。

頭皮と毛細血管を健全な状態に戻すためにできることは2つあります。

まず1つめは、頭皮に余計な成分を残さないことです。ヘアケアやスタイリングに求めるニーズはどんどん多様化していますので、与える成分のコントロールは難しそうです。であればせめて「残さない」ノウハウが必要です。入浴後にいかに頭皮に余計な成分を残さず、洗髪で頭皮をリセットするか。つまり「すすぎ」が重要になります。

2つめは、栄養補給の要である毛細血管を健康にすることです。髪を生み出すのは毛母細胞ですが、毛母細胞に毛髪のもとを送るのは毛包の中ほどにある「毛包幹細胞」であり、そこに栄養を与えるのが毛細血管です。

私たちはすすぎの際に、手をよく動かします。この際のマッサージ効果はバカにできません。マッサージは毛細血管を元気にします。毎日のことですので、適切なすすぎに効果的なマッサージを組み合わせれば、頭皮が抱える課題を大幅に改善できる可能性がありま す。

すすぎとマッサージ。これら2つを基本としたヘアケアを考えてみます。

❶すすぎ――頭皮に何も残さない

洗髪用品にはシャンプー、リンス、コンディショナー、トリートメントがありますが、いずれも頭皮に直接つけないように注意書きがあります。その理由は「吸着力」が高い成分が配合されているからです。毛髪の表面はケラチンと呼ばれるたんぱく質のキューティクル層ですが、さらにその表面を薄い脂質層が覆っています。ケラチンは負に帯電し、脂質層は疎水性(油)ですので、正に帯電し、親油性の成分がよく吸着します。カチオン系高分子やオイル、シリコンなどですが、特にシリコンは髪への吸着力が強く除去しにくいため最近は敬遠されています。

また「リンスインシャンプー」も注意が必要です。リンスとは「すすぎ」のことですが、リンスインシャンプーに配合されている成分はすすぎ成分ではありません。配合されているのはコンディショナーです。リンスインシャンプーだとしても、十分なすすぎは必須です。

コンディショナーやトリートメントは髪質を保護するような保湿剤や栄養成分、指通りを滑らかにする潤滑剤やコーティング剤が配合され、どれも「吸着力の高さ」が特徴の成分です。しかも、コンディショナーの「ぬるぬる感」は、保湿剤などの「髪に良いぬるぬる感」と区別がつきにくく、すすぎはさっと終わらせる方が多いと思います。

しかし頭皮や毛母細胞の健康を考えると、**頭皮のすすぎ残しは危険**です。まずは念入りに髪の毛をすすぐことが大切です。あるいは入浴時は洗髪だけに割り切って、コンディショニングやトリートメントは湯上り後に回すという方法も効果的です。タオルドライの後、育毛剤をしっかり届けた後に、毛先を中心に流さないトリートメントを塗布するのは、理に適っています。

しっかりすすぐためには、入浴時に使用する商品はできるだけ「すすぎの完了が分かる」ものを選ぶとよいでしょう。すすぎの完了とは「ぬるぬる感」がある程度なくなる時点のことですから、一般的にはシャンプー時間の2~3倍はかかると考えてよいと思います。

すすぎは思った以上に時間がとられると感じられたかもしれません。ですが、界面活性剤などがどのように吸着しているのかイメージできるようになれば、頭皮のすすぎにやりがいを感じることができそうです。

❷マッサージ——ゴースト血管対策

シャンプーをすすぐときに、頭皮をマッサージするように洗い流すのが効果的です。あるレポートでは指を前後左右にこすりつける動かし方と、押し当ててもむように動かす方法が比較されました。その結果、押し当ててもむ場合の方がより高いマッサージ効果が得られることが分かりました。

毛母細胞に栄養を届けられるのは毛細血管だけですが、実は45歳を境に毛細血管の「ゴースト血管化」が進むことが分かっています。ゴースト血管とは、毛細血管自体は存在するのに、血流がとまっている血管のことです。このゴースト血管が増え始める45歳という年齢は、女性が髪質や薄毛に悩み始める年代と一致します。すすぎマッサージでこうしたゴースト血管化を抑制し、毛細血管の健全化を促進することができます。

また別のレポートでは、手の平の使い方についても調査しています。指による手櫛ですすぐ場合と、手の平をお椀のようにしてシャワーのお湯をため、もむようにして洗う場合とですすぎ効果を比較したところ、手のひらをお椀のようにした方がよりよくすすげていることが分かりました。

頭皮のマッサージに集中しすぎると髪への摩擦が気になります。手のひらすすぎは髪だけでなく頭皮にも摩擦がすくないため、すすぎの前半ではぜひ手のひらすすぎを試してみるのも良さそうです。

育毛成分をしっかり届ける

脱毛は40代から始まることが多いようです。これは男性に限ったことではなく、女性でも40代が髪の曲がり角であることがわかっています。

男性の場合は「男性型脱毛症」（AGA）ですが、女性の場合は「びまん性脱毛症」と呼ばれ、女性ホルモンの減少から頭頂部の皮脂の分泌が減少し、つむじ周辺の広範囲で脱毛が進むことがあります。

発毛のメカニズムは長年不明でしたが、ここ10年で飛躍的に解明されました。特に東京医科歯科大学の西村栄美教授の研究成果が注目を集めました。西村教授は、毛包幹細胞を中心とした発毛サイクルを明らかにし、さらに脱毛にいたる過程で「17型コラーゲン」と呼ばれる特殊な膜貫通性コラーゲンが重要な役割を担っていることを発見しました。その後、西村先生は東京大学に移籍されました。

哺乳類の毛は、成長期、退行期、休止期という一定のサイクルをもつことが知られ、眉毛などの場合は半年程度のサイクルですが、頭髪の場合は3〜4年かかります。これが頭髪だけが長く伸びる理由です。このサイクルにそって、毛包幹細胞は分裂し、毛母細胞に移動して新しい毛髪を生み出します。

しかしこの毛包幹細胞は「基底膜」と呼ばれる場所でしか活動できず、その場所に毛包幹細胞をつなぎとめている成分が17型コラーゲンであることが分かりました。紫外線や酸化ストレスによって17型コラーゲンが損傷を受けると、毛包幹細胞は基底膜からズレはじめ、活動が弱まり、サイズが小さくなりはじめる「毛包のミニチュア化」が起きることが分かりました。女性男性かかわらず脱毛の前には毛髪が細くなる現象を経験しますが、それはこの「毛包のミニチュア化」が原因でした。

西村教授の解明したメカニズムから、毛髪が細くなった段階で毛包幹細胞をしっかりつなぎとめることができれば、毛髪は再び「硬毛」となり、コシやハリを取り戻せることが分かりました。しかし、単純に17型コラーゲンを頭皮に塗布したり、17型コラーゲンに似たような成分を塗布することで薄毛の改善につながることを示した研究結果ではありません。

こうした貴重な研究成果を正しく活かすためにも基本である「すすぎ」と「すすぎマッサージ」が重要です。

育毛剤の働きを妨げるような成分を残さないすすぎと、毛細血管を元気にしてゴースト血管化させないすすぎマッサージ。そしてタオルドライ後のもっとも浸透しやすい状態で育毛成分を塗布し、最後に流さないトリートメントで仕上げを行う。これが長く健康な髪質を保つヘアケアになります。

第10節 ストレス

なぜ私たちの体は、ストレスをさらに増幅させるような方法でストレスを知らせるのでしょうか。ストレスで肌荒れになったり、胃の荒れが口内炎になったり。本来集中すべき外的ストレスに集中できなくなるような肌荒れにさえならなければ、もっとしっかりストレスに向き合えるのに、といつも思います。

しかし、もしかしたらこれにもちゃんと理由があり、肌荒れ以上の危険を知らせているのかもしれません。

まずは体内で生じるストレスのメカニズムを整理し、即効性のある対策について考えてみます。そして平常心を取り戻したところで「ストレスが知らせようとしている本当の原因」についても考えてみます。

――ストレスの体内メカニズム

仕事でも美容でも、自分なりのイメージを目指している時は楽しいですし、夢中にもなれます。でも、うまくいかなかったり、共感が得られにくかったりすると、不安になり、ストレスになります。特に大事にしていたイメージを否定されるような言葉を投げかけられると、ストレス以上の強いショックを受けます。「もうあまり考えないようにしよう」と思いますが、それがなかなか難しく、ついまた思いだして考え込んでしまいます。なぜストレスのコントロールは難しいのでしょうか。

ストレスのメカニズム自体はとてもシンプルで、**「過剰な活性酸素」**が原因です。

私たちがストレスを感じると脳は「危険が迫っている」と判断して「自律神経系」に指令を出し、細胞の活動を活発化させます。自律神経とは反射や不随意運動を司る「無意識」に動く神経です。逆に意識的に動く神経が運動神経や知覚神経といった「体性神経」です。

危険が迫って自律神経が細胞を活発化させるのは戦闘や逃走に備えていつでもエンジン全開にできるようにするためですが、その結果、細胞は最大出力の副産物として「過剰な活性酸素」を作り出してしまいます。

活性酸素は強い酸化力をもった成分で、細胞の活動の副産物として常に発生しています。普段は抗酸化物質と互いに打ち消し合いつつ、ケガなどで侵入してくる微生物を排除してくれますが、**過剰に発生してしまうと自分自身の細胞にも損傷**を与えてしまいます。活性酸素には主に次の４つの種類があり、もっとも強い酸化力をもつものがヒドロキシラジカルです。

こうした活性酸素は１日に１つの細胞あたり約10億個発生し、１日数十万個という大量のＤＮＡが損傷を受けています。なぜこんな危険な成分が大量に発生しているのでしょうか。

これは私たちの体がミトコンドリアという「酸化還元エンジン」で動いているからで

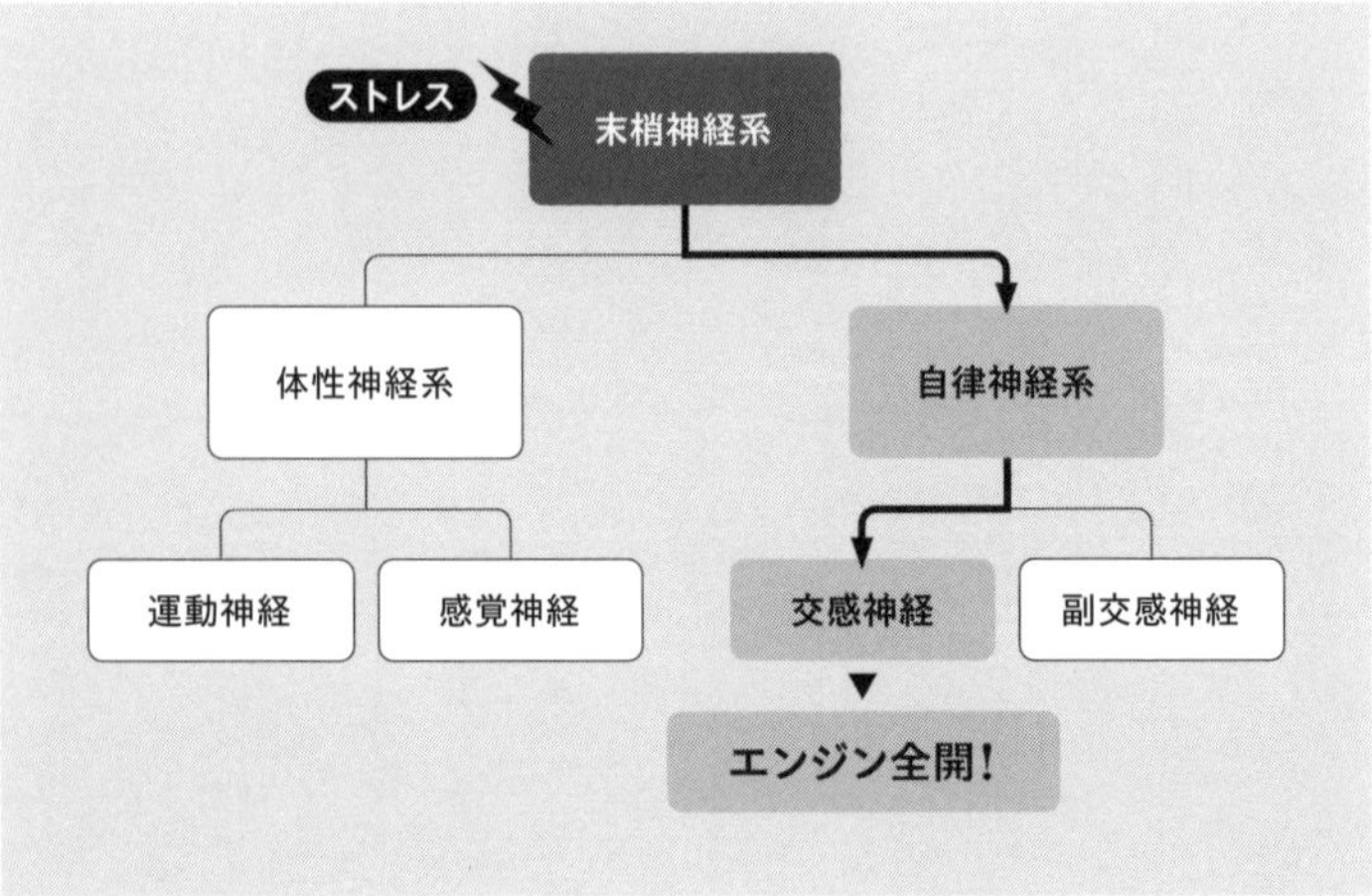

ストレスのはたらき

す。体内に取り込んだ栄養成分(=還元物質)を酸化させて動かす超マイクロエンジンですが、副産物として大量の活性酸素を排出します。しかし普段は十分な抗酸化物質によって打ち消し合っています。先ほどの損傷を受けたＤＮＡもすぐに修復され、一定のバランスが保たれています。活性酸素もすべてが無駄に作られているわけではなく、感染防御、代謝促進、シグナル伝達などの役割があります。

実は呼吸している酸素も酸化力をもつ一種の活性酸素です。酸素は次々と消費されるので、過剰な酸素でストレスを感じるようなことは特別な場合を除いてありません(特別な場合とはいわゆる「過呼吸」で後ほど触れます)。

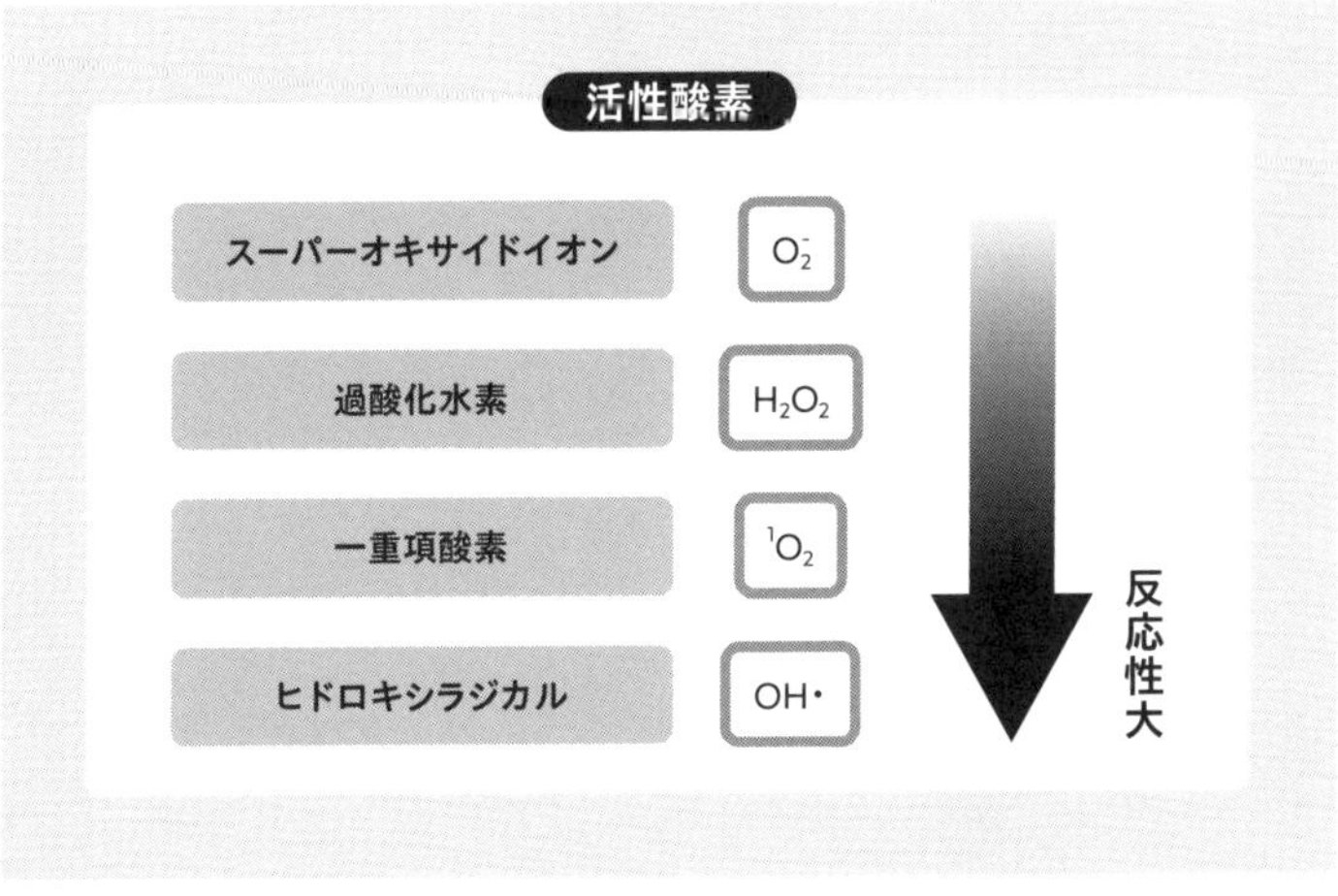

活性酸素の反応

結局私たちの日常生活というのは活性酸素との「バランス」の上に成り立っているので、ストレスとは「バランスの崩れ」だと表現できます。

「肉体的なストレス」はバランスを維持しやすいストレスです。運動はいつでも自由に止めることができますし、活性酸素は計画的に消費されます。運動を終えた後はすがすがしささえ感じます。

しかし「精神的なストレス」はやっかいです。焦りや不安、恐れなどの精神的なストレスを感じたときに指令が出されるのは「自律神経系」ですが、この自律神経系は私たちの意思とは切り離されています。これは私たちの判断を待っていると間に合わないためであり、熱いものに触ったときの反射運動と似たシステムです。たとえば危機が迫ったとき、自分で「緊張」の準備をしていては急な動きに対応できません。反射と同じくらい瞬時に細胞を活性化し、体温を上げ、筋肉を緊張させます。そして一度緊張してしまえば、「落ち着こう」と思っても、なかなか元の落ち着きを取り戻すことはできません。そのため、精神的なストレスによって自律神経系の「交感神経」が一度興奮(亢進)してしまうと、それを意思で「副交感神経」に戻すのは簡単ではないのです。これが冒頭の「考え出すと止まらなくなる」原因です。

自律神経系によって興奮状態が回復せずに長時間考えすぎてしまい活性酸素が無計画に生産され、行き場を失った活性酸素は私たち自身を攻撃しはじめます。その結果、頭痛、吐き気、憂うつ感、脳疲労などを引き起こします。疲労は栄養補給で対策できそうですが、活性酸素による体内の損傷は栄養補給を待っているわけにはいきません。即効性のある対策が必要です。

常に強烈なストレスに曝されるスポーツ選手やアーティスト、そして軍隊においてまさにこの「即効性のあるストレス対策」が利用されています。彼らがストレス対策で特に重視するのは「呼吸」と「睡眠」です。

ストレス対策に利用できる深呼吸や腹式呼吸の効果と、質の良い睡眠導入法についてまとめます。

――ストレス対策1　呼吸

「なぜあの人はあんな事を言うのだろう。」
「私もなぜもっとうまく言い返せなかったのだろう。」

私たちはストレスを感じると、ついこのように考えすぎて止まらなくなります。肉体的トレーニングでしたら動くのをやめるだけでストレスを止めることができますが、精神的なストレスは不思議なほど考えることをやめられません。

そして次第に妙な息苦しさを感じはじめます。俗に「過呼吸」と呼ばれている症状ですが、厳密には過呼吸とはスポーツ時におきる状態のことで、それとは別に精神的なストレス要因によって起きる息苦しさは「過換気症候群」と呼ばれています。いずれも緊張によって過剰に空気を取り込みすぎ血液中の二酸化炭素濃度が低下し、血液のpHがアルカリ側に傾き、息苦しさ、動悸、めまい、手足のしびれなどを感じます。人体は反射的に血液のpHを元に戻そうとして呼吸を止めようとしますが、今度は脳が窒息を怖がって「死の恐怖感」さえ感じることがあります。実際には本当に窒息するようなことはありません。

「過呼吸にはビニール袋」と聞くことが多いですが、ビニール袋は密閉度が高くやや危険です。少し穴をあけるか、紙袋を使います。専門家は袋を用いるよりも、「大丈夫だよ」と声をかけたり、あるいは自分に言い聞かせ、心を落ち着かせた状態で行う「深呼吸」の方が有効であり、20～30分で正常に回復できると指摘しています(「過換気症候群(長崎大学保健センター)」http://www.hc.nagasaki-u.ac.jp/health_information/healthinfo/kakankisyoukougun)。

このように**「呼吸」は日常のストレスにとても密接に関わっています。**そのため多くのスポーツ選手やアーティストは高度な呼吸法をさまざま取り入れていますが、中でも有名な呼吸法が「腹式呼吸」です。

腹式呼吸は義務教育にとり入れたほうがよいと思えるほど大きなメリットがあります。交感神経の興奮を落ち着かせて副交感神経に切り替えるだけでなく、先ほどのような深刻な過換気症候群の防止にも役立つ呼吸法です。

一般的な腹式呼吸の訓練方法は次の通りです。（「こころと体のセルフケア（厚生労働省）」https://www.mhlw.go.jp/kokoro/youth/stress/self/self_03.html）

1. 仰向けに横になり、おなかに手をおきます。
2. 口をすぼめてゆっくり息を吐き、おなかを凹ませます。
3. 十分吐き終わったら、おなかを膨らませながら鼻から息を吸います。
4. 3秒かけてゆっくり吐き、3秒でゆっくり吸う、を5～10分繰り返します。

ストレスやトラブル時に感じる息苦しさの原因のほとんどが「過換気症候群」です。落ち着いてゆっくりと深呼吸し、腹式呼吸と同じように6秒かけてゆっくり息を吐き、3秒でゆっくり息を吸う、呼気：吸気＝2：1を意識すると、次第に落ち着いてきます。

——ストレス対策2　睡眠

ストレスによる緊張や損傷を明日に持ち越さないためにもっとも有効な手段は「睡眠」です。

近年、睡眠の質を上げるベッド、まくら、サプリメントがとても注目されています。しかしよく考えてみると「眠り方」についてもっと手軽なノウハウがあっても良さそうです。実際に呼吸と同じように、スポーツや軍隊では「睡眠導入」がとても重要視されています。米国ではそうしたノウハウを積極的に取り入れる先進企業も増えています。

具体的な方法は主に3つあり、眠りに落ちる時間別に10秒、60秒、120秒で寝る方法として紹介されています。（出典：「How to Fall Asleep in 10, 60, or 120 Seconds」https://www.healthline.com/health/healthy-sleep/fall-asleep-fast）

◉10秒で寝る方法——米軍式

1. 口腔内を含め顔全体の力を抜いてリラックスします。
2. 肩の力も抜いて、手を体の側面に落とします。
3. 息を吐き出し、胸をリラックスさせます。
4. 足、太もも、ふくらはぎをリラックスさせます。
5. 静かな風景を想像して10秒間無心になります。
6. それでも眠れない時は「考えない」という言葉を10秒間繰り返します。

◉60秒で寝る方法——4・7・8呼吸法

1. 口を少し開いて、フーと音をたてながら息を大きく吐き出します。
2. 口を閉じ、鼻から息を吸いながら頭の中で4秒数えます。
3. 7秒間息を止めます。
4. 口を少し開いて、フーと音をたてながら8秒間息を吐きます。
5. それぞれのサイクルの区切りをあまり気にせず無心に繰り返します。
6. 4回以上繰り返してリラックスできたときはそのまま眠りにつきます。

◉120秒で寝る方法――イメージ瞑想法

穏やかな風景や自分がそこにいるかのような情景を思い浮かべてください。

たとえば、滝、落ちる水の音、せせらぎ、さわやかな森の香りなどを想像します。

ここで重要なことは、そのイメージに脳内全体で浸り、余計なことを考えないことです。心配事や関心事へ思考が戻ることを防ぎ、スムーズに睡眠へと導きます。

私もこれらを実際に試してみて、はっきりとした効果を感じました。しかしその後ずぼらな私は先の3つの方法が複雑に感じ始め「眠りに落ちる」ことだけに集中すればよいのではないかと思うようになりました。そのため最近は、海底にゆっくり沈んでいくのをイメージするだけにしています。そして海底まで沈み、そこに仰向けに寝転がり、光る海面を見上げているうちに、意識が無くなります。また、海底から光る海面を見上げていると、ストレスを感じていた複雑な問題が、ときほぐれるような感覚もあり、気分が楽になります。

英語でもFall asleepと表現するくらいなので、「眠りに落ちる」とは比喩以上に人類共通の感覚があるのかもしれません。脳内では実際に「落ちて」いるのかもしれません。そして寝ている間は無意識に腹式呼吸になっています。眠りに落ち、腹式呼吸で極限までリラックスするのですから、ストレスから回復できるのもうなずけます。

ストレスは何を知らせようとしているのか

過剰なストレスは活性酸素発生量のバランスの崩れのことでした。そして過剰な活性酸素は主に体内で発生しますので、肌よりも体内の臓器の方が活性酸素にさらされるはずです。そのように考えると冒頭で肌荒れについて「なぜ私たちの体は、ストレスをさらに増幅させるような方法でストレスを知らせるのでしょうか」とした疑問の答えが見えてきそうです。

私たちが過剰なストレスにさらされたときに起きることは様々です。肌荒れ、胃潰瘍、うつ、頻尿、神経痛。どれも、どこかの臓器が活性酸素などによって損傷を受けたことによる疾患です。肌荒れも深刻ですが、それ以外の疾患は原因が目に見えず、手当てが遅れがちです。しかし肌荒れであれば、疾患の場所も程度も明確で、ある程度は自分で対処できます。肌は人体最大の臓器と呼ばれますが、同時に「最も手が届く臓器」でもあります。何か不具合が起きても、すぐに対処できる唯一の場所です。

なぜストレスを肌荒れで知らせるのかという疑問は、人体から言わせれば至極当然のことで、うつや胃潰瘍になる前に対処してほしいということなのでしょう。体内で取り返しのつかない事態になる前に、まず肌荒れを引き起こすことで不具合を知らせることができたものが自然淘汰で生き残ってきたと考えることもできます。

第3章

美容の世界のあやしい科学——真実に見えるニセ美容

第1節

ニセ美容――「嘘」の見抜き方

――科学の魅力、ニセ科学の魅力

どのスキンケア商品が正解で、どのメイクアップツールがイメージ通りのものなのか、すぐに分かればどんなに楽でしょうか。この悩みは他の道具でも同じかもしれませんが、たとえばナイフの場合は切れ味を木材で試すことができます。しかしスキンケアは直接自分の肌につけるわけですから、気軽に何度も試すわけにはいきません。しかも化粧品の場合は特に大げさな表現が目立ちます。

「かつての若さを取り戻す」「しみが浮いてとれる」「毒が出る」

ナイフなら「言うほどきれいに切れなかった」で済みますが、化粧品は肌に直接使うわけですから、だまされたのかもしれないという不安が商品への疑念につながり、何か悪いものをつけたのではないかと心配にもなってきます。

そうした「言葉だけの魅力」にだまされないようにするにはどうすれば良いのでしょうか。

よく誤解されるのですが、科学とは「説明できないものを信じない学問」ではありません。「必ず説明できると信じる学問」です。

この世はすぐに説明できることばかりではありませんが、それを安易に前世や神々の力に結びつけず、誰もが納得できる説明を追い求めるのが科学です。それが科学のもっとも大きな魅力だと思います。

おばけや宇宙人の存在を示すような現象についても、それを鼻で笑わず、まじめに追究する姿勢が科学です。その結果、そうした魅力的な存在が否定されることもあるかもしれませんが、科学では予想を覆されることは日常です。むしろ、その向こう側に、人の想像を超える事実が待っています。おばけや宇宙人は所詮、人の想像の枠を超えていません。それで満足するのはもったいないと思います。事実は常に人の想像を超えてきますから、抽象的な概念である気やオーラを超える興奮がそこに隠されているはずです。だから私は科学の方に魅力を感じます。

それに対しニセ科学者は単純な証拠をすぐに結論に結びつけようとします。たとえば「最近、食生活が乱れていないですか？　だから毒がたまって肌の色が暗いのです」とか、「薬をやめたとたん元気になりました。そしてこれでがんが消えたんです」とか。

先ほど私は「科学は必ず説明できると信じる学問」と書きましたが、別の言い方をすれば「説明できるまで根気よく考える学問」とも言えます。しかしニセ科学は目的が「解明」ではなく「利益」ですので、説明できるようになるまで待てません。そして編み出された表現が「この世には科学では説明できないこともある」なのだと思います。考えてみれば不思議な表現です。単なる「あきらめ」「考えることの放棄」にすぎない言葉なのですが、まるで何か別の真理を知っているかのように聞こえます。

「体調の悪化は実は毒のせいなのです」
「運が悪いのは気が乱れているからです」
「毒を出しきれば、気の流れが正常に戻り、肌の色も明るくなります」

科学がまだできないことについて、ニセ科学がいとも簡単にできると言ってのけると、すがりたくなるのは当然です。

しかも「その解説通りに見えるような実験結果」を見せられると、驚きとともに信じてしまいます。それがニセ科学が生みだすニセ美容です。それはとても魅力的で、都合がよく、分かりやすいものです。

ニセ科学を選ばず、正しい科学だけで自分に合った美をこつこつと積み重ねるにはどうすればいいのでしょうか。

——デトックスは科学ではない

デトックスも本当に魅力的な言葉です。そのためでしょうか、インターネット上には本当にたくさんのデトックス情報が氾濫していて、しかもそのほとんどがデトックスを推奨する情報です。その量はあまりに多すぎて、デトックスビジネスに警鐘を鳴らす声がかき消されるほどです。

甘い言葉はたいてい罠ですが、デトックスは典型的な「甘い言葉」です。

汗を流すだけで毒「だけ」が出ていくという話ですが、もちろんそんな魔法のようなことは起きるはずがありません。このことについてはナショナルジオグラフィックが分かりやすく調べてくれています（「汗をかいてデトックスはウソだった、研究報告」https://natgeo.nikkeibp.

co.jp/atcl/news/18/041200164/)。人は1日に1～2リットルほどの汗をかきますが、そこに含まれていた汚染物質について調べてみると、日常生活で取り込む汚染物質の0・02％でしかなかったそうです。何とか頑張って10倍の汗をかいたとしても0・2％ですが、普段の10倍の汗をかけば、脱水症状の危険性の方が高くなります。実際にデトックスにのめりこみすぎた方が9時間も汗を出し続け、熱中症で死亡する事故も起きています（前出記事）。当然、心地よいものではなかったはずです。

私たちは毎日、飲料水や食事を通して何らかの化学合成物質を取り込んでいます。水道水の安全管理、食品の大量生産、流通時の防腐対策のためにはどうしても避けられない物質で、むしろ私たちの健康を維持してくれている成分がほとんどです。

それらはできるだけ体内に蓄積せず、肝臓や腎臓で処理できる成分が厳密に選別されています。先人の苦労で現時点ではもっとも安全性を確認されたものです。それをあたかも「悪」であるかのように宣伝し、汗で排出されるかのように嘘をつき、商品を高値で売りつけているのがデトックスビジネスです。

デトックスフットバスはニセ科学？

同様の行為はデトックス効果を謳うフットバスでも見られます。

デトックス用のフットバスとは、足を突っ込んでスイッチを入れると電気が流れ、水の色が徐々に赤く変わるものです。そして、「ほら、こんなに毒が」「毒素は足の裏から出るのです」と「わかりやすく」説明されます。

毒が出るなら当然栄養も出ているはずなのですが、そこには触れません。そしてなぜか一番皮膚の厚い足の裏から出ている、と解説しますが、もちろんそんな訳がありません。

水の色が赤くなるカラクリは実にシンプルです。電極から溶け出すわずかな鉄イオンが水中の酸素やアルカリと結合し、酸化鉄や水酸化鉄の赤褐色の結晶になります。いわゆる水道の赤水と同じです。さらに足の皮脂やほこりや気泡などで目に見える大きな塊（フロック）になって足に付着します。足についていた埃や皮脂の量などで個人差が出るので、あたかも毒の量で差がついたかのように見えます。

電極から溶け出す鉄イオンはほんの1mg程度ですから、少々使ったところで電極はほとんど変化しません。そのためまるで足から何かが出たように見えてしまいます。

同じようなカラクリを利用して足の裏に貼る湿布も売られています。赤く色がつくと

「毒が出た」と言われます。おそらく、どんな変化も「毒」だと言うのでしょう。それっぽいグラフなども表示していますが、たいていは単なる成分分析結果で、効果を表しているわけではありません。目くらましです。

——科学の目で見た「冷え取り」と「好転反応」

また、冷え性の原因を取り除くとされる「冷え取り」も注意が必要です。「倦怠感」「眠気」「肩こり」「耳鳴り」「鼻水」「くしゃみ」「生理不順」（つまりいろいろ全部）について「いまちょうど毒が出ているので体調が悪いのです。いわゆる好転反応です。毒で靴下のどこかが破れますのでそれまでぜひ続けてみてください」と説明するケースがあります。ここで言う靴下とは「冷え取りビジネス」で数千円の高値で売買されている絹の靴下のことです。絹は綿にくらべて破れやすいので、たしかにどこかが破れるでしょう。物理的な摩擦によるもので、「毒」とはまったく関係ありません。もちろん「頭寒足熱」は基本ですが、数百円の靴下でできることです。

「健康サプリ」の場合は食品なのでより深刻です。服用後に何も起きないならまだ良いですが、たとえば湿疹が出た場合にもまったく同じように「毒が出ている」「好転反応なのでそのまま毒を出し切って」などと言われることがあります。

しかしそれはほとんどの場合「アレルギー反応」です。そのサプリはすぐにやめなければなりません。アレルギー反応の怖さはご存知かと思いますが、ごく微量でもアナフィラキシーショックなど重篤な症状につながります。

厚生労働省はこの「好転反応」という言葉を特に問題視し、健康食品等において使用を禁止しています(「健康食品の正しい利用法」(厚生労働省)18頁 https://www.mhlw.go.jp/topics/bukyoku/iyaku/syoku-anzen/dl/kenkou_shokuhin00.pdf)。

医療行為以外で治療効果を謳うことは違法です。信頼できる商品に「デトックス」や「好転反応」という言葉を目にすることは絶対にありません。「デトックス」や「好転反応」という言葉を見かけたら、その商品に科学的根拠はないと思ってください。

「科学的に正しい情報を探さなければならない」と考えると難しそうですが、**「根拠不明の言葉を避ける」だけでも十分な対策になります。**上に挙げたような根拠不明の言葉は道の小石のように無数に転がっています。ですから万一だまされても過剰に気にする必要はありません。後の人がつまずかないように小石を脇に蹴って、前に進みましょう。

第2節

防腐剤フリーは存在するのか？

──行き過ぎるエンターテイメント

鉄イオンの色でごまかすデトックス。アレルギーをごまかす好転反応。これらは避けるべき重大なニセ科学です。

しかし美容商品の中には、見分けにくいものもあります。多くの場合、とても耳当りの良い言葉が使われ、その言葉通りのこともあれば、そうでないこともあります。具体的には「防腐剤フリー」や「無添加」、「アンチエイジング」などです。そうした耳当りの良い言葉はたいていスキンケアにおける理想であり、基本的には私も目指しているものです。言葉だけを見れば否定するものではありません。

問題は、**これらの中に「避けるべき商品」が潜んでいる**ことです。

化粧品における防腐剤フリーや無添加、アンチエイジングは、メーカーにとってもユーザーにとっても甘い言葉です。それはまるでどこかに隠されている財宝のようで、全員で目指しているゴールです。しかし、それをめざす過程には多くの苦難が待ち受けています。中にはついに見つけたと言うものがあり、あるいは、それはまだ探しているものではないと探し続けている人もいます。一つだけ言えることは、完全な財宝にはいまだ誰も辿り着けていません。

私にはその光景が映画『パイレーツ・オブ・カリビアン』に重なります。私も役者の一人であり、いまだ見ぬ財宝(真のオーガニックやアンチエイジング)を追い求めていますが、そのレースに参加しながら、ワナやフェイクをどうすれば見抜けるのか、正しい選択はどの方向なのか、考えながら進んでいます。どの商品もきらびやかで美辞麗句に彩られ、見分けがとても難しくなっているため、見分けるための目が必要になります。

美容マーケットの最大の特徴は新たな言葉や解釈が生み出されることです。防腐剤フリーについてはこれから詳しく解説しますが、おそらくグルテンフリー、カフェインフリーなどから派生した言葉です。無添加は食品の無添加ブームの流れでしょう。アンチエイジングはもともと医療用語ですが、本来の意味である「抗老化」から拡大解釈が進み、「若返り」であるかのように扱われています。

こうした新たな言葉はもともとの意味や定義を曖昧にしていきます。言葉の定義が曖昧になると、文章は読めている気がするのに、頭には正しく入ってこなくなります。そのうちに大げさな表現の正しくない商品の方が目立つようになります。悪貨が良貨を駆逐していきます。

2種類の防腐剤

「防腐剤フリー」について現状と見抜き方を考えてみます。

防腐剤とは「微生物の増殖を抑制する成分」のことです。化粧品においても主な成分は「栄養成分」となるため、食品と同じようにそこで菌が増殖しやすく、最悪の場合は「腐る」ことになります。防腐剤は大きく分けて2種類あります。

一つ目は薬機法の「ポジティブリスト」に掲載されている、いわゆる「防腐剤」で、主にパラベンやフェノキシエタノールなどがあります。「ポジティブ」という言葉のとおり専門家が薦めている防腐剤のことで、化粧品に生じやすい雑菌の増殖を抑制してくれます。配合量の上限が定められて安全に使用できるように情報提供されています。50年以上の実績があり、一言で言えば「安全安心な防腐剤」です。ここでは「防腐剤1」と呼びたいと思います。

そしてもう一つが「防腐助剤」と呼ばれる成分で、防腐剤1以外の防腐剤です。さっそく言葉遊びのようになってきましたが、防腐助剤も微生物の増殖を抑制できる成分です。抗菌剤と呼ばれることもあります。たとえばブチレングリコールやヘキサンジオール、エタノールなどです。ヒノキチオールなど抗菌性の植物エキスが使われることもあります。ここでは「防腐剤2」と呼びたいと思います。

防腐剤2は防腐効果について防腐剤1ほど十分なデータがあるわけではなく、実績も十分ではありません。しっとり感を与える保湿効果や、ひんやりとした清涼感などを併せ持つことが多く、同時に防腐剤1の配合量を減らすことができる便利な成分です。

おおよそ予想がついたかと思いますが、多くの防腐剤フリー化粧品とはつまり、防腐剤2だけで製造された化粧品のことです。

もちろん中には正真正銘「防腐剤フリー」の化粧品もあります。それは使用期限を生鮮食品並みに短くしたり、冷凍輸送・冷凍保存する化粧品です。

しかし「防腐剤フリー」を謳う化粧品のほぼすべては、防腐剤2だけで製造していると考えて良いでしょう。薬機法では防腐剤とされていないので「防腐剤フリー」だという言い分です。

そしてこの中に、防腐剤2を過剰に配合した「防腐剤フリー化粧品」が混ざっており、さらに「肌にやさしい」「敏感肌用」とまで書かれていれば、注意が必要です。敏感な肌に過剰な防腐剤が接触することになります。

薬機法を逆手に取ったPR

防腐剤2の防腐効果は緩やかで、防腐剤1の5倍から10倍以上配合しなければ十分な防腐効果は望めません。そのためたくさん配合しなければなりませんが、防腐剤1と違って「配合上限」が定められていないので、配合量はメーカーまかせになります。仮にたくさん配合したとしても防腐剤2の多くは保湿成分でもあるので、塗り心地は悪くありません。

しかし防腐効果とは細胞を痛めつけることです。肌細胞も微生物も細胞ですから、微生物の増殖を抑制できるほど配合したということは、肌細胞も微生物と同じくらい痛めつけられることになります。これは防腐剤1についても同じことがいえるのですが、上限が定められているため大きな問題は生じません。しかし防腐剤2はいくらでも配合できるところに怖さがあります。そのため、防腐剤2を配合しておきながら防腐剤フリーを謳う化粧品を見かけると「それでいいのか?」と思ってしまいます。

仮に防腐剤2の配合量が適切だとしても、多くの化粧品開発にかかわるエンジニアは防腐剤フリーと表記することを躊躇します。防腐剤に変わりはありませんから。肌にやさしい、敏感肌用とは表記できるとしても、防腐剤フリーとは表記できません。

最も基本的なことですが、液状で常温保管の化粧品を防腐剤なし作ることは不可能です。なぜなら、菌の混入を100%防ぐのは不可能だからです。たった1本の化粧品の製造でしたら可能ですが、化粧品の製造本数は万単位です。1万本の化粧品をすべて無菌で製造することは不可能です。

そのため必ず防腐剤を配合することになり、メーカーはどの成分で菌を抑制しているのか分かっています。その上で防腐剤フリーと表記しているのだとすれば、それは薬機法の親切心を逆手に取ったPRだと言わざるを得ません。

防腐剤の少ない化粧品を選ぶ方法

もちろん「防腐剤フリー」に※印をつけ、「※薬機法に定められた防腐剤のこと」と付記していれば、正しい表記と言えますし、実際にそのように表現しているメーカーもあります。

しかし問題の核心はそこではなく「防腐剤2の配合量」です。「薬機法に定められた防腐剤」とは防腐剤1のことであり、私たちが注意しなければならないのは「防腐剤2」の方です。防腐剤2の量が多い化粧品を避けなければなりません。

防腐剤2の配合量の多い化粧品を見抜く方法として「全成分表示」が紹介されることがあります。化粧品の箱やボトルには配合された成分がすべて表示されています。それを「全成分表示」と呼びます。また化粧品を購入する際に良心的なサイトであれば購入ボタンと同じページに必ず「全成分表示」が記載されています。もしすぐに見つからなければ良心的なサイトとは言えません。

その全成分表示は配合量の多い順に記載しなければならないため、たいていはまず「水」が表示されています。もし水のすぐ次にブチレングリコールやペンチレングリコールなどの防腐剤2がきている場合は避けた方が良い、といった見抜き方紹介されることがあります。防腐剤フリーなのに「肌がひりひりする」といった違和感はこうした防腐剤2の配合量が多い場合に生じます。

ただし、この方法は万能ではありません。なぜなら主目的の栄養成分は微量な場合が多く、その場合は防腐剤2が少なくても水のすぐ次に表示されることもあるからです。ではどうすれば防腐剤2の多すぎる「防腐剤フリー」化粧品を見抜いて避けることができるのでしょうか。見抜くためのポイントは2つ。**使用期限と、メーカーの姿勢**です。

使用期限を生鮮食品並みに短くして冷蔵保存して使用する化粧品があります。あるいは冷凍輸送・冷凍保存で、使用する直前に解凍して1回分を使い切る化粧品は実際に防腐剤無配合で製造しているケースがあります。つまり通販などで、冷蔵輸送や冷凍保存をして届けてくれる化粧品は、防腐剤フリーである可能性が高いです。

そして防腐剤の少ない化粧品を選ぶ方法としては、まず使用期限のある化粧品を選びます。製造日ではなく、使用期限です。薬機法では未開封で3年以上品質を保証できるものは使用期限を記載しなくても良いことになっています。そのため使用期限が記載されていれば、防腐剤が少ない可能性が高くなります。

そして、メーカーの姿勢です。これは使用期限と異なり明確な見抜き方にはなりませんが、自分に合った「最高の化粧品」を探し出すためにもっとも重要なことは、結局はメーカーの「人柄」を見抜く力です。ユーザーに良いものを届けたいと誠実に取り組んでいる開発者は多くいます。そうした方々がもっとも恐れることはユーザーとの間に誤解が生じてしまうことです。

化粧品を購入する際、店頭やオンラインショップの広告を、まるで財宝を取引するかのようにまじまじと眺めてみてください。全成分や使用期限が大きな文字で分かりやすく明記され、防腐剤フリーといった誤解の生じやすい表記が避けられており、大げさな表現が少なく、シンプルで理解しやすい説明であれば、その商品は誠実に取り扱われているため、まずは安心して「試す」ことができます。そして自身の肌で最終判断をすれば着実に自分に合った化粧品に近づくことができます。

第3節

アレルギーと効果効能——超微量成分の世界

——無添加ではない無添加がある？

無添加味噌、無添加ソーセージなど食品にはたくさんの無添加がありますが、スキンケアにも無添加化粧水、無添加美容液と同じくらいたくさんあります。「無添加」も言葉自体はとても良い意味なのですが、「防腐剤フリー」よりもさらに「何も入っていない」かのような誤解を招く表現ですので、ここでしっかり見つめなおしてみたいと思います。似た言葉に「オーガニック」がありますが、ほぼ同じニュアンスで使われているので一緒に考えてみます。

無添加もオーガニックも「悪いものは入っていません」という意味合いで使われています。その悪いものとはおおむね「防腐剤、石油系界面活性剤、香料、合成着色料」などとされています。オーガニックはさらに「化学農薬、化学肥料」が加わります。

まずそもそもの話ですが、化粧品で無添加は可能なのでしょうか？　防腐剤フリーは現実的に不可能、という話をしましたが、これは無添加も同じです。**良心的な化粧品開発者であれば、無添加が不可能であることは分かっています。**

無添加やオーガニックという方向性自体はとても良いことなので私も大賛成なのですが、防腐剤や石油系界面活性剤をまるで悪者のように扱って「一切添加しません！」とするなど無添加にはかなり無理があると思います。実際に「無添加」「オーガニック」にこだわりすぎるメーカーが、開発を安易に妥協して成分表示を偽ったり、紛らわしい広告表示に走ったりする事例があります。

欧州には「ECOCERT（エコサート）」というオーガニック化粧品の認証制度があります。長期間にわたる学術データを蓄積している認証団体です。高度な調査・研究を支えるために商品の高価格化につながりやすく、全面的に推奨するわけではありませんが、データに基づいている点で先進国の取り組みと言えます。

ECOCERTの面白いところは、自然由来の抗菌成分から得られたデータをもとに、肌にやさしい「化学成分」を追い求めている点です。そして現在のところ推奨する防腐剤として「安息香酸、ベンジルアルコール、デヒドロ酢酸」など5種類の成分を選んでいます。

オーガニックの研究開発で「ベンジルアルコール」という化学成分にたどり着くというのは、一見不思議な気がします。少なくとも日本におけるオーガニックとは、「化学肥料を使わない」、「化学調味料を使わない」といった、「化学を避ける」イメージです。ですからオーガニック食品に「ベンジルアルコール配合」と書けば「化学成分が入っている」とクレームを受けてしまいそうです。しかし、化学肥料だろうと、有機栽培だろうと、植物の体内で起きる反応は結局「化学」です。できるだけ自然に近い「化学成分を選ぶ」ことがオーガニックの本質ということになります。原子や電子のような物事の「本質」を見極める点では、まだ西洋の方に一日の長があるのでしょうか。

「化学」という点では私たち動物も同じです。私たちの体も化学成分の化学反応によって成り立っています。私たちは食事で栄養を取り込むとき、まず口でかみ砕き、咀嚼し、唾液中の酵素で分解し、胃袋の中では胃酸で分解し、小さな成分にまでバラバラにしてからようやく腸で一つ一つ慎重に体内に吸収します。一体なぜこれほどまでに手間暇をかけるのでしょうか。なぜなら私たちの体は、**植物が作り出す「天然素材という混合物」を信用していない**からです。

天然素材は複雑な混合物質です。次世代への栄養成分だったり、外敵への防御としての抗菌成分だったりします。この中にどんなアレルゲンが混ざっているか分かりません。植物は動物から身を守るために様々な抗菌成分を含んでいますので、たとえば漆に含まれるウルシオールのように抗菌性を持つことは珍しくありません。植物に接触してかぶれてしまう「アレルギー性接触皮膚炎」の多くはこうした抗菌成分によるものです。様々な植物抽出物を混ぜた「無添加オーガニック化粧品」をよく見かけますが、こうした抗菌成分が混入するリスクが高くなります。しかもそうした天然素材は防腐剤のような「配合上限値」が設定されていないため、過剰な抗菌成分が紛れ込むリスクもあり、安心して使用できません。

——化粧品の主役顔：微量成分と超微量成分

「何が入っていないのか」よりも、「何が入っているのか」分かった方が安心できます。何と何は入っていません、というよりも、すべての成分が分かった方が安心できます。野菜に生産者の方の写真が添えられた「顔が見える商品」が増えていますが、これは「私はこの野菜のことなら何でも知っています」という表示であり、その上で「この野菜に自信を持っています」という表示でもあります。すべてを知っている方が自信を持っているのであれば安心できる。それが「顔の見える商品」です。

化粧品の場合はメーカーと成分表が商品の「顔」と言えるでしょう。以前、女性の化粧品開発者と話をしたことがあるのですが、彼女は自分で開発した化粧品を毎日使っていました。もちろんテストを兼ねているのですが、それ以上に「自分で作っているのだから、何が入っているのかわかって安心だから」と笑っておられたのが印象的でした。

成分の中には分かりやすいものと分かりにくいものがあります。ヒアルロン酸やセラミドなどの単一成分は顔がはっきりした分かりやすい成分ですが、植物抽出物は複雑な混合物です。〇〇〇エキスと書かれていると分かったような気はしますが、成分がはっきりしているわけではありません。特にアレルゲンは「微量」でも症状が出てきますし、分析で検知できないほどに超微量なこともあります。

化粧品の多くはそうした微量な成分が主役です。食品に「五大栄養素」がありますが、そのうち炭水化物、たんぱく質、脂質は「多量栄養素」で、ビタミン、ミネラルが「微量栄養素」です。食品は体をつくるための「多量栄養素」が主役ですが、化粧品は肌の調子を整える「微量栄養素」が主役になります。

そのため「顔の見える化粧品」を選ぶためには微量栄養素を見極める必要があります。アレルゲンなど肌に悪い成分は避け、期待通りの効果効能を得るには、無添加やオーガニックの追究はほどほどにして、「何が入っているのか」明確に知る必要があります。できるだけ成分数が少ない方が分かりやすい商品になります。

——良い微量成分、悪い微量成分

化粧品の主役である微量成分は、アミノ酸、低分子たんぱく質、ペプチド、脂肪酸、ビタミン、サイトカイン、などがあります。アレルギーを引き起こすアレルゲンも低分子たんぱく質に含まれます。中でも特に低分子のアレルゲンは「ハプテン」と呼ばれ、超微量でもアレルギーを引き起こします。

こうした微量成分の混合物が「天然素材」です。一言で表すことができないため「抽出物」「エキス」という言葉と共に記載されます。そこには良い微量成分もあれば、アレルギーを引き起こす不都合な成分もあります。それを上手く選別できればいいのですが、そううまくはいきません。だから私たちの体は「天然素材という混合物」を信用せず、ばらばらに分解し、できるだけ無害にしてから吸収します。しかし肌に直接塗る化粧品の場合は分解できません。これが天然素材を配合した化粧品を「無添加」と呼びにくい理由です。

アレルギーの怖さは一人ひとり反応がまったく異なることです。アレルギーとは一言で言えば「自分(自己)と自分でないもの(非自己)を区別する」生理反応です。卵やそばなど21種類のアレルギー物質が人類全体としておおむねアレルギーを引き起こしやすいものとして選ばれていますが、アレルゲンはそれらだけではなく、もっとたくさんあり、しかも一人ひとり異なります。極端な言い方をすれば、自分の体内に無い成分はすべてアレルゲン（非自己物質）になる可能性があります。それが、**どんな成分が入っているか分からない天然素材の怖さであり、唾液や胃酸で分解せずに肌に塗布することの怖さです。**

——化粧品成分を見極める

天然成分の悪い面ばかりを強調してしまいましたが、アトピーに苦しめられた私自身、無添加食品に助けられましたので、無添加やオーガニックは大好きです。「真のオーガニック」についていつかまとめたいと思っているほどです。大事なことは、「天然成分」と「化学成分」の良いところを冷静に見極める視点です。

まず「天然成分」で安心できるのは発酵素材です。私たちの体は主にたんぱく質でなりたち、そこでアレルギーを引き起こすのもたんぱく質です。しかし発酵素材はたんぱく質が微生物によってバラバラにアミノ酸にまで分解されています。胃や腸ですべきことを微生物が先にしてくれているので、アレルギーを起こしにくく、消化や吸収もスムーズです。

そして「化学成分」で安心できるものの代表格が皮膚科などで処方されるワセリンで、究極の石油系化学成分ですが、もっとも信頼されている軟膏のベース素材です。ワセリンは他の成分とほとんど反応しないため、薬効成分を邪魔せず、アレルギーリスクも少なく、とても安全な成分だからです。

化学成分で安心できる「ワセリン」、天然成分で安心できる「発酵素材」。これら二つを眺めたとき、ちょうど「西洋医薬」と「漢方医薬」のように見えてきます。ワセリンは純度の高い単一成分で、分析データから効果と安全性が証明されています。まさに単一成分によって患部を治療する西洋医薬です。発酵素材は長年の経験によって、どの薬草が、どのような体調の不具合に効果があるのか、効果と安全性が証明されています。

実は私は、この二つの関係性に、化粧品成分の理想が隠されているような気がします。

近年、漢方医学と西洋医学の接近と融合がとても注目されています。医学はなぜ、漢方医学と西洋医学の融合に期待するのでしょうか。それは西洋医学の目指す「治療」が、漢方医学が目指す「体調の健全化」と融合して初めて、「健康」に辿り着くと考えているからだと思います。

基礎化粧品もきっと同じです。ワセリンやセラミドのような化学成分が果たす役割と、発酵素材や馬油のような天然素材の果たす役割をうまく融合させて初めて、肌の健康に辿り着けるのだと思います。どちらか一方を毛嫌いしては、きっとうまくいきません。

そして成分の見極めも、漢方医学と西洋医学にヒントがあります。西洋医薬は「成分」の純度を高めることによって究極的に顔が見えるようにしています。それに対して漢方医薬は「製造プロセス」の純度を高めることで顔を見えるようにしています。まさに「私が作りました」という生産者の顔が見える野菜と同じです。

どの薬草を、どのように栽培し、どの部分を採取し、どのような工程で抽出したのか。その一つ一つの工程を西洋医薬品と同じレベルで高度に管理して、漢方薬が作られています。成分ではなく、工程で品質を管理します。この考え方を「プロセスバリデーション」と呼び、その結果得られる漢方薬は効果と安全性が高度に担保されます。

単一成分の西洋医薬はピンポイントで効く対症療法に有効であり、複合成分の漢方薬は広範囲のシステム健全化に有効です。どちらもしっかりと「顔が見える」成分だからこそ、医師は信頼して使用できます。最近の医薬品の処方量は漢方が逆転する場合も多くなっています。西洋医薬による患部の治療よりも、その後の健全化の方が期間が長いためです。

基礎化粧品も基本的には肌の日常の「健全化」が目的です。毎日使うものだからこそ、顔の見える化粧品を慎重に見極める必要があります。

第4節

迷走するアンチエイジング

——私たちは過去へさかのぼれるか

私たちがアンチエイジングという言葉に期待するのは、加齢の速度を遅くしたり、あるいは若返ったりする効果です。言い換えると、時間を止めたり、過去にさかのぼる効果です。

特に美容業界ではまるで若返るかのような効果をうたうアンチエイジング商品の広告を見かけることが多いですが、これには注意が必要です。明らかなことは、私たちは過去へはさかのぼれないということです。美白成分やレーザーでシミを消せば過去に戻ったことになるのではないか、と考えたくなりますが、後ほど詳しく述べる通りそれは一時的なものであり、根本的に戻ったとは言えません。これは一見面白みのない表現ですが、ここをまず押さえなければアンチエイジング「本来の姿」が見えてきません。

アンチエイジングはもともと医療用語ですが、そこに若返るという意味は含まれていません。「加齢の速度を遅くする」ことです(抗老化)。私たちは様々なストレスに囲まれて生きていますが、ストレスを感じると脳が危機に対処しようとして細胞の活動を活発化させます。その際に「活性酸素」が発生しますが、普段は還元成分によってバランスが保たれています。しかし時に過剰なストレスが過剰な活性酸素を生み出してしまうことがあり、それが自身の細胞を傷つけることによって不本意な加齢が進むことになります。その不本意な加齢現象の抑制が抗老化(抗加齢)であり、「積極的な予防医学」とも呼ばれています。

そうした過剰な活性酸素による不本意な加齢現象を抑制したり、できるだけ遅くしたりすることがアンチエイジングの本来の意味だったのですが、この遅くするという時間表現が妙な錯覚や期待を生んでしまったのではないでしょうか。つまり加齢を止めたり、逆にさかのぼることもできるのではないか、というような錯覚や期待です。

加齢現象によるシミやシワは、長い間蓄積された細胞の損傷の結果にすぎません。その表面的なシミやシワを消したとしても、肌内部で起こっている損傷が消えるわけではありません。それが表面的なアンチエイジングが一時的なものである理由です。

過剰な活性酸素による不本意な加齢がどのような現象なのか。具体的に見ていきましょう。

──加齢の正体

過剰なストレスを抱え続けると、過剰な活性酸素が生み出され、自身の正常な細胞を傷つけたり、細胞の活動を妨害してしまいます。図のように、細胞内のミトコンドリアで生み出された活性酸素は、通常は代謝などの正常な細胞活動を支援したり、侵入したウイルスを撃退したりしますが、過剰に生み出された活性酸素は自身の細胞まで攻撃しはじめます。これが加齢現象です。

活性酸素が自身の細胞を攻撃した時、細胞は損傷を受け、本来の正常な活動が妨害されます。具体的にはたんぱく質の合成がうまくいかなくなったり、細胞分裂によって新しい肌を作る際にエラーが起きたりします。細胞

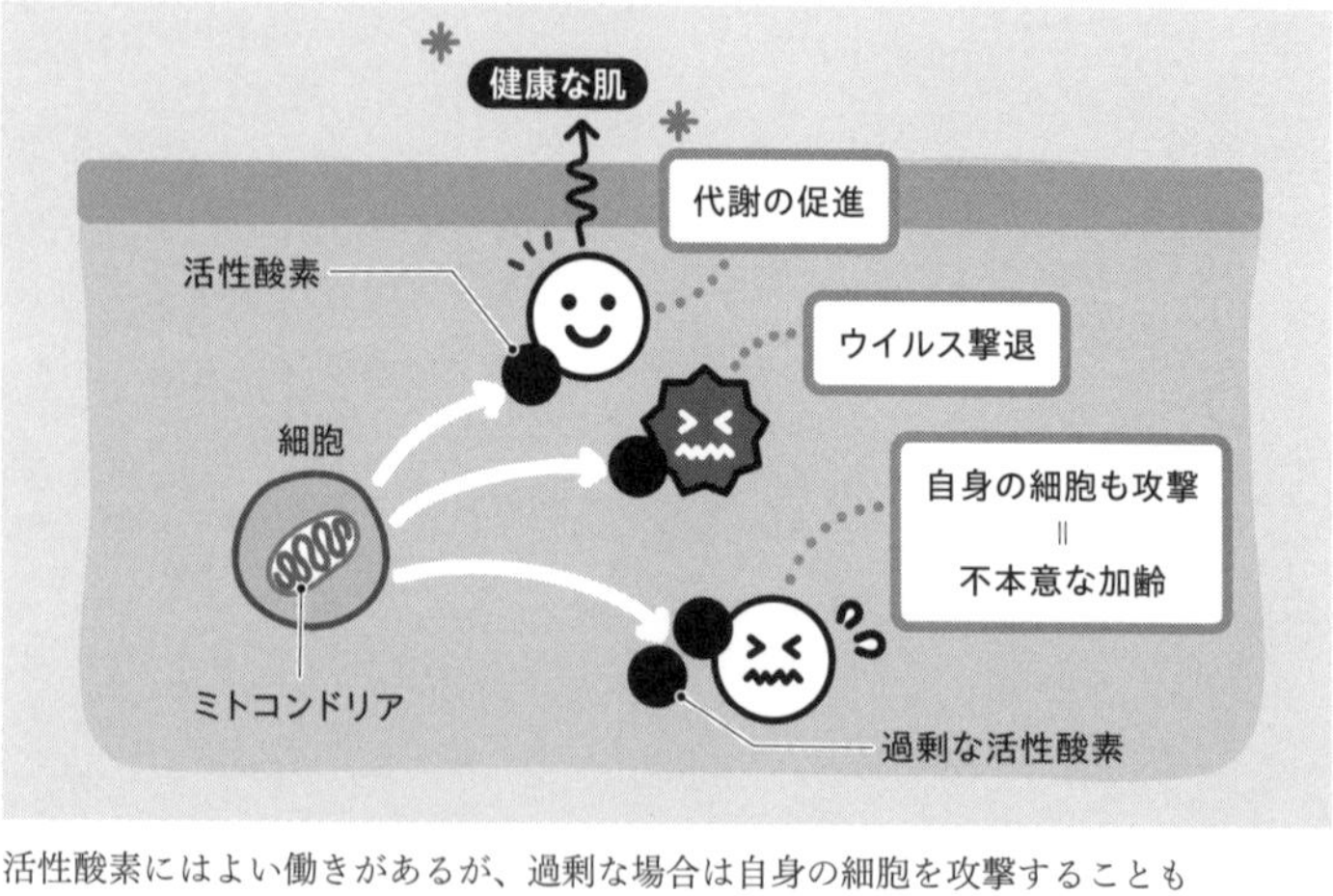

活性酸素にはよい働きがあるが、過剰な場合は自身の細胞を攻撃することも

分裂とは要するに新しいＤＮＡが生み出されることですから、この際にＤＮＡの複製された情報の中にエラーが発生することになります。エラーも多くは修復されますが、一部はそのままエラーとして残ります。**肌内部の小さなエラーの蓄積こそが加齢の正体です。**

表面的なシミやシワの改善も確かに大事ですが、それらは表面的な肌トラブルであり、本当の意味でのアンチエイジングを行うためには、その原因であるエラーの蓄積を改善する必要があります。すでに蓄積してしまっているエラーは、もともと修復が難しかったものや、ＤＮＡそのもののエラーですから、元に戻すことは極めて困難です。

ではエラーの蓄積を日常的に防ぐにはどうすればよいのでしょうか。

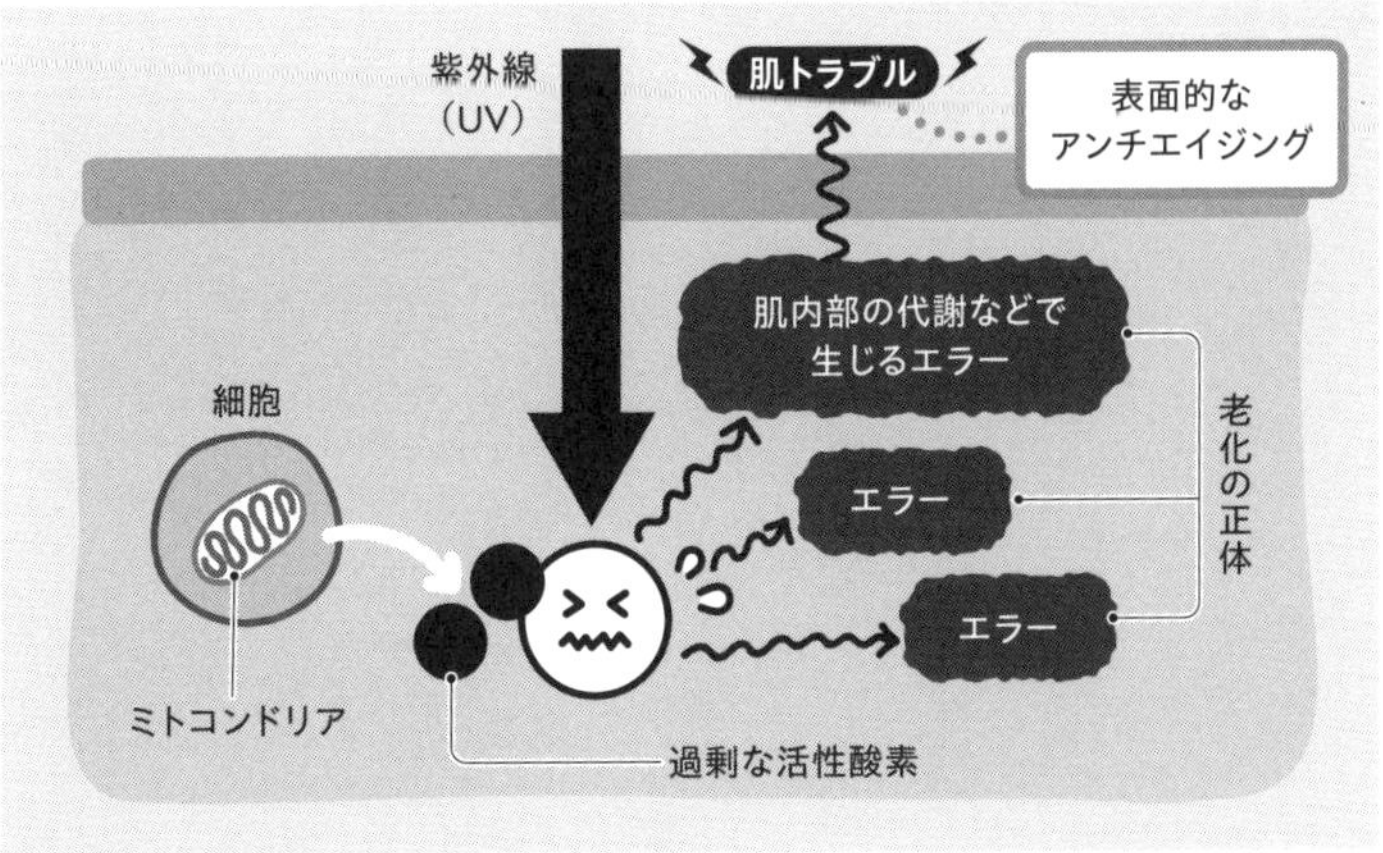

老化の原因は肌内部におけるエラーの蓄積

───アンチエイジングと免疫

先程の図を再度見てみますと、肌トラブルの原因はエラーの蓄積ですが、さらにさかのぼると細胞内のミトコンドリアの活動に辿り着きます。つまり加齢の根本的な原因は細胞内の活動にあります。ということは表面的な肌トラブルの改善が根本的な解決にならないのと同じように、エラーの排除も根本的な解決にはならないことになります。たとえば過剰な活性酸素を取り除くためにビタミン剤を摂取することも根本的なアンチエイジングにはなりません。

ビタミンの摂取はもちろん大事ですし、表面的なシミやシワの改善も大事です。しかし加齢現象は細胞内で始まっているため、根本的なアンチエイジングとは細胞内で起きている問題に対処しなければなりません。

少し話が逸れてしまいますが、いままで見てきたアンチエイジングにおける誤解と同じことが「免疫」にも起きています。つまり、アンチエイジングに時間表現を持ち込んで、時間をさかのぼれるかのような誤解と同じことが免疫にも起きています。

それはインターネット上でよく見かける「免疫力」という言葉です。これはアンチエイジ

ングの時間の場合と同じく、免疫の概念にそぐわない「力」という文字が持ち込まれていま
す。たとえば「このサプリを摂取すれば、免疫力がどんどんついて、病気にかからない」と
いう表現です。まるで、どんどん「力」がつくようなイメージです。とてもイメージしやす
いので頻繁に見かけますが、生物学の教科書には一切出てきません。それはやはり誤解が
生じやすい言葉だからです。活性酸素と同じように、免疫系も活発になりすぎると自分の
体まで攻撃するようになります。免疫も「諸刃の剣」ですから、酸化力と同じようにちょう
どよいバランスを維持してこそ適切に働いてくれる精密なシステムです。それをあたかも
「力をつければよい」という印象を与えてしまうと免疫系の暴走を招きます。そのため、医
療現場では「免疫力」という言葉は意識的に避けているのです。

つまり、ストレスをさけ、頑張りすぎず、自分にとって理想的なバランスを維持するこ
とこそが「アンチエイジング」になります。これはちょうど、一定のペースを守る「マラソ
ン」に似ています。マラソン選手は2時間走り続けられる自分のペース配分を知っていま
す。勝負をかける時も先を読みながら無理のないペース配分をします。

――アンチエイジングのペース配分

アンチエイジングも免疫も無理のないペース配分の維持が、もっともエラーの少ない生命活動になります。それは筋力のような一方向性の数値で表されるものではなく、平均台を進むような「バランス」感覚に近いものです。足の上げ方も、左右の揺れ方も、自分に合ったバランスがあります。無理をすれば、かけなくてよいストレスがかかります。前に進むペースも、人それぞれです。

そのように考えると、なぜご飯(炭水化物)が主食で、砂糖ではダメなのか、ということも理解しやすくなります。炭水化物を摂った後、私たちはわざわざ酵素で糖分に分解して吸収します。ならば、最初から砂糖を摂ればよいのではないか、と思いますが、砂糖は吸収も反応もスピードが速すぎて、生命活動のペースを守ることができません。血糖値が上がりすぎると、体は一生懸命ペースを守ろうとしてインシュリンを分泌しますが、まさにそれが「頑張りすぎる」ことになり結果的にバランスとペースを崩すことになります。

私たちには人類の長い歴史の中で慣れてきた食材があり、生命活動はその食材によって理想的なペースを刻むようにできています。そして細胞の中にはその中で作り上げられた「体内時計」があり、それによってスケジューリングされた「概日リズム」によってペースとリズムを刻んでいます。

ここで「バイオリズム」という言葉を思い出す方も多いかと思います。この「バイオリズム」も一見イメージしやすく、華やかな言葉なので、アンチエイジングや免疫力と同じように、疑似科学に利用されています。そのためここでは使わないようにします。学術用語である「体内時計」と「概日リズム」には華やかさはあまりありませんが、より正確に伝わります。逆に言えば、体全体のバイオリズムというものはあまりにも複雑すぎてまだよくわかっていないのです。いまわかっているのは、細胞内の体内時計と、それによって刻まれている約24時間周期の概日リズムだけなのです。この生命活動のペースとリズムを司る遺伝子を特定したジェフリー・ホール氏ら3名の研究者に2017年、ノーベル生理学・医学賞が授与されました。

生命活動に適切なペースを維持すればエラーを防ぐことができ、理想的なアンチエイジングができます。それはいまこの時点のアンチエイジングというよりも、未来への投資と言えます。いまこの時点の若々しさとしての効果は見えにくいですが、未来の自分には確実にその効果が表れることになります。

――アンチエイジングは未来への投資

アンチエイジングは「時間」や「力」ではなく「バランス」の維持。そのように捉えることで正しいアンチエイジングが見えてきます。

生命活動とは化学反応のことです。そして生命における化学反応とは、酸化力を持つ成分の反応のことです。酸素の反応であったり、活性酸素種による防御反応であったり。また紫外線も酸化力を持ち、光化学反応と呼びます。これらは私たちの生命活動にとって都合の良い酸化ストレスと都合の悪い酸化ストレスとのミックスであり、それらの絶妙なバランスによって私たち生命体は成り立っています。私たちは「ストレスとともに生きている」と言えますし、「ストレスがなければ生きていけない」とも言えます。過剰な活性酸素を問題にしてきましたが、酸素と同じく、活性酸素も無くてはならない要素です。ストレスとの付き合いは、活性酸素との付き合いと言えます。

では活性酸素との付き合いとは具体的にどのような生活をイメージすればよいのでしょうか。

仕事で締め切りに追われたり、やむを得ず頑張らなくてはならないとき、私たちは過剰な活性酸素によって酸化ストレスにさらされます。特に紫外線にあたる室外での活動の場合は、皮膚も同時にストレスにさらされます。

そして問題は、その日の夜です。仕事に追われた私たちの帰宅は遅くなります。そしてつい、就寝時間が遅くなります。気持ちも高ぶったままですので、活性酸素濃度が高いまま、夜を迎えます。そして午後11時前後、肌再生を促す成長ホルモンの分泌が活発になり、複雑な細胞分裂が始まります。しかしその複雑な生命活動を過剰な活性酸素が邪魔をします。エラーが頻発し、メラニンの蓄積によってシミが生じたり、コラーゲンやエラスチンが回復せずにシワが生じたりします。

ここまでの流れをながめると、なぜ新陳代謝が夜間に行われるのか、その理由がとてもよく分かります。

日本の国立遺伝学研究所がその理由に関して興味深い論文を発表しています。ある単細胞の植物プランクトンは昼間に光合成を行うのですが、その際に活性酸素も生み出されます。そのため活性酸素の濃度の高い昼間は細胞分裂を行わず、夜間の活性酸素の少ない時間を見計らって細胞分裂していることが突き止められました。その細胞分裂のスイッチを押すたんぱく質（E２F）はそのプランクトンだけでなく、私たちヒトを含め、ほぼすべての真核生物に存在することもわかりました。

活性酸素の濃度は一日の間に増減し、それに合わせて新陳代謝のペースが配分されていました。それは何より、エラーを防ぐためのペース配分でした。肌トラブルを防ぐには、まずはエラーの蓄積を防ぐことが重要であり、エラーの蓄積を防ぐには、細胞本来のペース配分を守ることが重要になります。

第5節

植物性か、動物性か、化学合成か

——自分にとっての健康とは

米国にドクターペッパー(Dr Pepper)という炭酸飲料がありますが、ある女性は大好きなあまりに毎日飲み続け、ついに104歳を迎えました。その際のインタビューで女性はこう話したそうです。

「私にドクターペッパーを飲むなと忠告した2人のドクターは私より先に亡くなりました。」

アメリカらしいジョークですが、実際の映像をYouTubeで見ると、女性はいまだにとても健康的で、肌もつやつやしています。ドクターの忠告は糖分に関することだったのだと思いますが、健康的な生活が必ずしも正解とは限らないのかもしれない、と考えさせられます。

一体どの栄養成分が自分にとって正解であり、肌に良い成分と言えるのでしょうか。

まずはバランスのとれた食生活をイメージする方は多いと思います。さらにそこに少しだけサプリメントの力を借りるような生活をイメージする方も多いでしょう。ベジタリアンの方々は植物性食材中心の生活をイメージするでしょうし、さらにビーガンの方は植物性食材だけの高度なメニューを思い浮かべるでしょう。逆に肉がなければ人生じゃないという肉食系(ミータリアン)な方々もいると思います。先の１０４歳の女性のように、どれが正解なのかは人それぞれといえます。

こうした方法論の是非はともかく、共通点は自身の体としっかり向き合っていることでしょう。どのような成分を摂り入れるにしろ、自身の体としっかり向き合い、本人が健康で楽しくすごしているのであれば、第三者がとやかく言う問題ではないような気がします。ストレスがもっとも大きな脅威である可能性もありますから、ストレスが回避でき、健康なのであれば、その方法が自身にとって正解なのでしょう。

しかし問題は、**体調が悪くなった時の対処法**です。それまでの快適な生活に違和感が生じ、体調がすぐれなくなったり、健康診断で気になる数値が出てくるようになれば、生活の改善が必要です。その時に大事なことは、それまでの方法に固執せず、広い視野で解決方法を探ることです。なぜなら体質も体調も大きく変わるからです。必要とする成分が変わり、それまでの方法論は通用しなくなります。これは基礎化粧品の見直しの場合でも同じことが言えます。

そこで、体質や体調の変化に合わせた新たな解決方法について、植物性、動物性、化学合成という垣根にこだわらず検討してみます。何が必要で、何を避けるべきか、あらゆる成分について横断的に見極めます。しかしあまりに専門的に考えすぎるとかえって分かりにくくなるので、成分をある程度絞り込めるような「大雑把な見極め方」を考えてみます。今日からできる成分の見極め方、「成分との距離感」「避けるべき異性体」「摂り入れるべき複合体」です。

——成分との距離感

食品についても化粧品についても、成分は大きく植物性、動物性、化学合成の3つにわけることができます。

植物性はホホバオイルやワックスといった植物油や、グリセリンなどの保湿成分、ビタミンや精油などがあります。どれもわりとあっさりしています。分子としては小さいものが多く、ほとんどが常温の時には液体です。保湿成分もべたつかないあっさりしたものが多いです。

動物性は豚由来のコラーゲンや魚由来のエラスチン、鶏由来のヒアルロン酸、馬油などがあります。これらはたいていもっさりしています。肌にのせた時にも良く言えばしっとり、悪く言えばべたつくものが多く、ほとんどが常温の時には固体です。蜂が作り出すビーズワックスも動物性です。

これらを見比べた時、一般的な印象として植物性が「健康に良い」ようなイメージがありますが、本当にそうでしょうか。植物性のあっさりしたイメージから「血液をさらさらに」というフレーズも見かけますが、植物性成分の方が健康的なのでしょうか。植物性、動物性成分を改めて整理するために便利なイメージが成分との「距離感」です。

ほとんどの成分は植物の光合成からスタートしますので、そこからまっすぐ伸びる一本の線をイメージします。

植物は地中の水分と空気中の二酸化炭素という小さな分子から、光のエネルギーによってブドウ糖を作り出します。さらにそのブドウ糖をエネルギー源にして、地中の窒素からアミノ酸を作り出し、さらにアミノ酸を利用してたんぱく質、脂肪酸、ホルモンなども作り出します。**成分は互いに結合し、だんだん大きくなっていきます。**小さな分子からスタートし、大きな成分に変化していきます。これが私たちの体の中(生体内)で行われている化学合成である「生合成《せいごうせい》」の流れです。

下図で言うと、生合成のスタート地点である左側が植物性成分であり、右側が動物性成分になります。大雑把なイメージですが、右に行くほど成分が大きくなります。特に脂質は常温で液体だった成分が、固体になっていきます。植物が作り出した成分を動物が取り込み、さらに複雑なたんぱく質、大きな脂質、特殊なホルモンなどを作り出していきます。

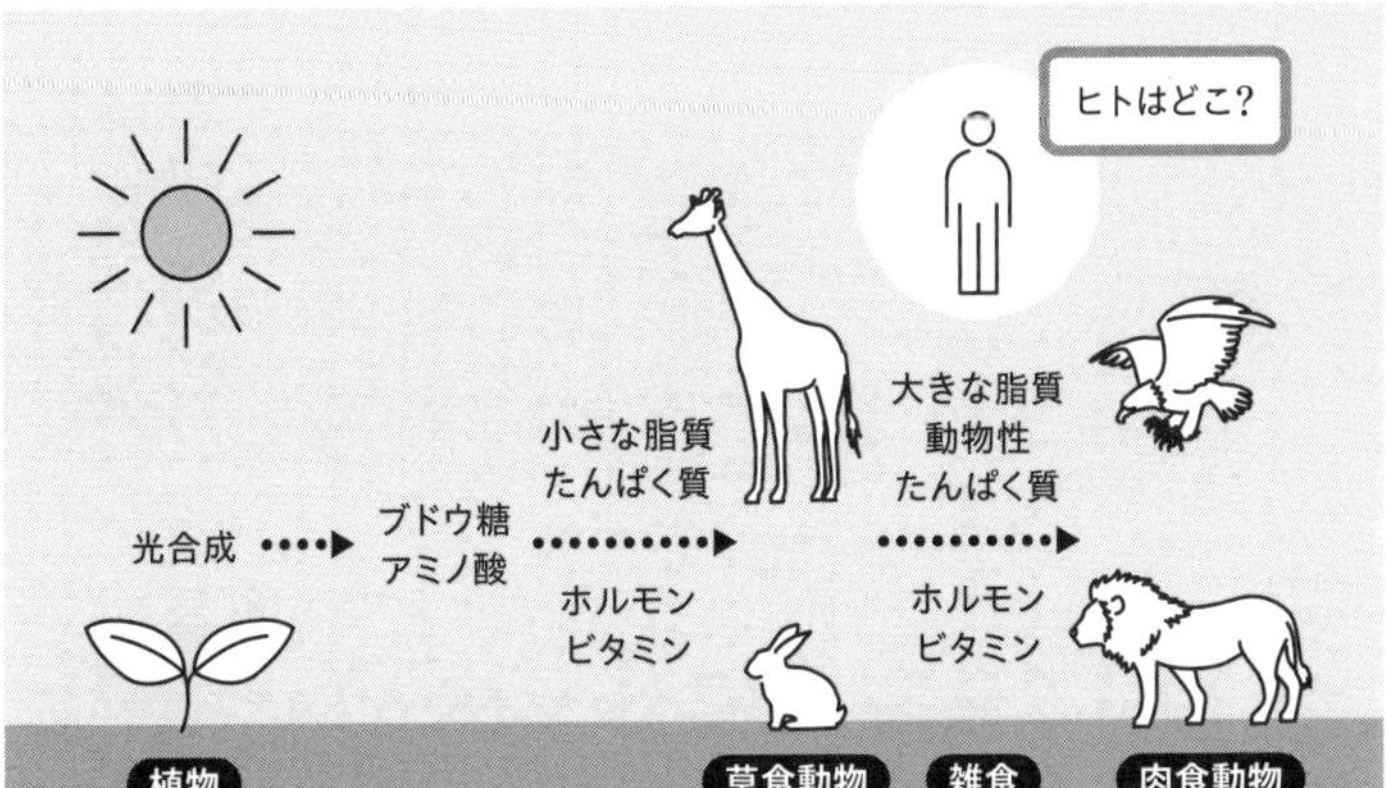

生合成の流れ。ヒトはどこに位置するのか

私たち動植物は、この生合成の線上のどこかに立ち位置があり、その付近の成分をとりこんだり、生み出したりしています。その成分との位置関係が「距離感」です。遠い成分は関係性も薄くなっていきますし、近くの生物とは共通の成分を共有しています。時には奪い合い、時には分け合います。

左側の小さな成分から大きな成分を生み出す長い化学反応プロセスを行うには時間とエネルギーが必要です。草食動物が時間をかけて消化発酵しているのはそのためです。動物を追いかけなくても良いメリットはありますが、時間がかかるデメリットがあります。

逆にすでに作られた大きな成分を動物から直接摂取できれば手軽です。しかし動物を狩猟するにはエネルギーが必要で、いつ摂取できるか不安定なデメリットがあります。動物たちに限らず、私たち人間も、日頃の食生活がどちらのタイプかによって体質は少しずつ異なっています。

ですから肉食系の方が急に健康に目覚めて植物性の食材だけの生活に切り替えるとかえって健康を維持しにくくなります。逆に植物性成分に慣れている人は、体内でゆっくり時間をかけて代謝することに慣れていますので、そこに動物性成分がいきなり取り込まれると、そのシステムはびっくりしてしまいます。結局、動物性植物性、どちらが良いということではなく、時間をかけてゆっくり代謝するのか、手っ取り早く成分を手に入れた方が良いのかで自分に合った成分を選びます。たとえば代謝が遅れがちになる40〜50代以上の方々には適度な肉食が肌の健康には都合が良いと考えられます。

近い成分で肌を作り、遠い成分で整える

現代において植物性の食材が健康に良いと感じるのは、私たちが飽食の時代に生きているからです。五大栄養素である糖質、脂質、たんぱく質、ビタミン、ミネラルの中で、最初の3つは手軽に摂取できるようになり、かえってビタミン、ミネラルが不足することになりました。昔はむしろ、動物性たんぱく質が不足することが多く、健康のために高価な卵を手に入れることがありました。時代によって不足しがちな栄養成分が健康に良いとされてきました。

動物性食材の方が必要な成分が整っています。特に私たち人間に近い哺乳類は、体内で行われている化学反応も似ているため、必要な成分を手軽に大量に摂取することができます。そのため動物性の成分である脂質、たんぱく質は栄養学的に「多量栄養素」と呼ばれます。

逆に植物性成分は私たち人類からすると比較的遠い成分で、体内で作ることができない成分です。具体的にはビタミンやミネラル、必須アミノ酸です。栄養学的には「微量栄養素」であり、体の調子を整える成分です。

たとえば肌の乾燥や、シミ、シワについて悩みを感じたときは、体や肌の組織に不安を感じたときです。乾燥はセラミド不足であり、シミは新しい肌を作る代謝の不足、シワはコラーゲンやエラスチンといった肌の構造材の不足です。皮膚組織を形作るための材料が不足しているので、積極的に体をつくる動物性の「多量栄養素」を摂取します。

そして肌のツヤやくすみに不安を感じたときは、体や肌の調子に不安を感じたときです。ビタミンなどの抗酸化物質の不足や、水分補給の不足です。こうした時は、調子を整える植物性の「微量栄養素」を摂取します。

――避けるべき異性体

動物性、植物性を成分で見ていくと、その境界があいまいになることがあります。たとえば森のバターとされるアボカドは、豊富な脂質で植物とは思えない濃厚で動物性のような果肉を実現しています。見た目はバターのようで、しかもオリーブオイルのように室温のときに液体になる不飽和脂肪酸が豊富であり、いいとこ取りの食材です。

なぜか私たちは脂質と塩分に異様な旨味を感じます。脂の乗ったステーキに岩塩を添えて舌鼓を打つ方は多いと思いますし、アボカドにしょうゆを垂らしてトロの触感を愉しむ方もいると思います。

ただ、バターが品薄になることが多いように、乳製品などの動物性脂質の生産量には限界があります。そこで開発されたものがマーガリンです。液体の植物性脂質に、水素を添加し、室温で固化するまで成分を大きくしたものです。いわゆる化学合成品の誕生です。

ここで問題となった成分が「トランス脂肪酸」です。私たちが避けるべき「異性体」と呼ばれる成分です。

私たちが利用する化学成分の中には、一つの名前で二つの顔をもつものがあります。たとえばビタミンCとして有名なアスコルビン酸ナトリウムという成分にはL体とD体があります。ちょうど右手と左手の関係のように、化学成分としては同じなのに、互いに重ならないような2種類の構造をしています。こうした2種類の構造を持つ成分を互いに「異性体」と呼びます。L体はD体の異性体です。

私たち生命体の内部の化学反応によって作り出される成分は、なぜかどちらか一方の異性体に偏ります。たとえばアミノ酸では主にL体が多く、糖では主にD体ばかりが作られ

ます。なぜそのようになるのか、まだはっきりした理由が分かっていない謎になっていま
す。

トランス脂肪酸も同じような異性体の一つで、もう一方をシス脂肪酸と呼びます。生命体の内部ではシス脂肪酸ばかりが生産されますし、利用されます。そのため、そこにトランス脂肪酸が紛れ込むと、体内の化学反応に狂いが生じます。

ただしトランス脂肪酸は、脂質の摂取量がとても多い欧米で問題になっており、そこまでは多くない日本人の場合のリスクは大きくないという意見もあります。

厚生労働省はむしろ脂質と塩分自体の摂取量について警告しています。日本人も年々、脂質と塩分の摂取量が増えており、控えなければ成人病リスクが高まるとしています。脂質の摂取量を抑えれば、相対的にトランス脂肪酸の摂取量も減り、そのリスクはほぼなくなるとしています。マーガリンを避けるというよりも、脂質自体を控えるイメージでトランス脂肪酸を避けられます。実際私自身、マーガリンは好きなのでよく愉しんでいます。

トランス脂肪酸の問題は初期の化学合成品が招いた異性体のリスクですが、一方でちゃんと正しい開発もできるようになっています。特にビタミンCはL体であるL－アスコルビン酸ナトリウムだけを製造する技術が開発され、安価に大量に手に入るようになりました。ビタミンCは摂りすぎるくらいに摂った方が健康の維持には有利なので、これは化学

合成の勝利と言えます。

しかしやはり生命のシステムとは複雑なもので、その優れた開発も一概に勝利と言えないケースもあります。それが次に紹介する「摂り入れるべき複合体」です。

――摂り入れるべき複合体

知れば知るほど、生命体の仕組みはうまくできています。たしかにビタミンCは摂取するとすぐに効果が実感できます。サプリメントでさっと飲んでおけば、体調が整い、肌ツヤも戻ってきます。安いので、それで十分、と思います。

しかしこんなデータがあります。成人の血中ビタミンC濃度を約35％上げるために必要なリンゴは約1・5個（ビタミンC約3・2㎎）だったのですが、サプリメントの場合はなんと500㎎のアスコルビン酸が必要だったのです。なぜそこまで大きな差が生じるのでしょうか。原因は主に腸での吸収プロセスにあり、リンゴに含まれるアミノ酸や脂肪酸がビタミンCと複合体をつくり、それが吸収を高めているのではないかという説があります。しかし厳密にはまだよくわかっていません。わかっていることは、ビタミンC単体では吸収効率が大きく下がるということと、リンゴの木は私たちがビタミンCを吸収しやすいような準備をしてくれているという不思議な事実です。

　複合体によって吸収を高める工夫は、母牛が作る生乳にも見られます。生乳が白く見えるのはミルク中に分散する小さな「脂肪球」によるものですが、その脂肪を包む脂肪球膜に、化粧品成分として有名な「セラミド」が含まれています。そのセラミドは、脂肪球に含まれる栄養成分を子牛に運ぶ役目もあり、さらに吸収を助ける役目もあります。そのセラミドも様々なたんぱく質や糖類と複合体をつくり、その役目を果たしています。

　化粧品に含まれるセラミドは、セラミド1やセラミド2など化学合成によってつくられた単一成分が多く利用されています。しかしビタミンCと同じように、セラミドも他の成分の存在がなければ十分な働きをしないことも考えられます。こうした複合体はゆるやかな結合状態であるため不安定で、加熱などによって容易に壊れてしまいます。私たちの体ができるだけ新鮮な食材を欲するのはこうした理由からなのでしょう。

　最近大豆による人工肉が話題になっていまして、私も食べてみたいと思っています。精進料理は大好きですし。まさに、科学のエンターテイメントです。大いに楽しみたいのですが、やはりここでも、複合体や成分との距離感が気になります。大豆のたんぱく質はいわゆるアミノ酸スコアが高く、優秀なたんぱく質源であることは間違いありません。しかしその吸収は本当にたんぱく質のアミノ酸スコアだけで判断できるのでしょうか。豚肉や鶏肉に含まれる距離感の近い成分が私たちにとって理想的な複合体をつくり、吸収をサポートしていると考える方が自然です。そうした複雑な成分同士の連携を私たちは旨味として感じているのかもしれません。

参考文献

第1章

1-3 ツヤとテカリ

◎福田實「皮膚科学と化粧品」『色材協会誌』２００１年74巻6号、一般社団法人 色材協会

◎尾澤達也『化粧品の科学』裳華房、１９９８年

1-4 ハリ

◎Shu Nishikori, Satoshi Fujita et al. "Resistance training rejuvenates aging skin by reducing circulating inflammatory factors and enhancing dermal extracellular matrices", *Scientific Reports* volume 13, Article number: 10214 (2023)

1-5 肌荒れ

◎吉村昭彦「疾患の裏に免疫あり…知られざる免疫の役割と治療応用の最前線」慶應義塾大学医学部医学研究科ウェブサイト、２０２1年 (https://www.med.keio.ac.jp/features/2021/8/8-81824/index.html)

◎永田和宏『生命の内と外』新潮社、2017年
◎岡田節人 他編著『岩波講座 科学／技術と人間〈7〉生命体のなかのヒト』岩波書店、1999年
◎グスタフ・ジョセフ・ヴィクター・ノッサー『抗体と免疫——免疫学入門』大沢利昭訳、東京化学同人、1980年

1-6 常在菌

◎スザンヌ・シマード『マザーツリー——森に隠された「知性」をめぐる冒険』三木直子訳、ダイヤモンド社、2023年
◎Noble, W. C. "Skin microbiology: coming of age" *Journal of Medical Microbiology*. 1984 Feb;17(1)
◎Remco Kort et al. "Shaping the oral microbiota through intimate kissing" *Microbiome* volume 2, Article number: 41 (2014)
◎吉田眞一 他編『戸田新細菌学 改訂33版』南山堂、2007年
◎光岡知足『大切なことはすべて腸内細菌から学んできた』サンダーアールラボ、2015年
◎大亦正次郎『応用微生物学』培風館、1982年

第2章

2-1 起床——美しさには「スイッチ」がある

◎Momoko Kayaba et al. "Energy metabolism differs between sleep stages and begins to increase prior to awakening" *Metabolism* 2017 Apr;69:14-23

2-2 洗顔——洗うのではなく整える

◎皆川基 他編『洗剤・洗浄百科事典』朝倉書店、２００３年
◎田村隆光「洗浄における界面活性剤の利用技術」『日本化粧品技術者会誌』１９９９年33巻2号

2-3 化粧水——そもそも肌の「うるおい」とは

◎『岩波 理化学辞典 第5版』岩波書店、１９９８年
◎化粧品・医薬部外品製造販売ガイドブック検討会 編『化粧品・医薬部外品製造販売ガイドブック２０１７』薬事日報社、２０１７年
◎高橋守 監修『基礎から応用までよくわかる！ 化粧品ハンドブック 第2版』薬事日報社、２０１８年

2-4 美容液——肌にとっての「栄養」とは何か

◎糸川嘉則「代替医療としてのビタミン・ミネラル」『日本補完代替医療学会誌』1(1),41-52、２００４年
◎永田和宏『タンパク質の一生——生命活動の舞台裏』岩波書店、２００８年

2-5 美容クリーム——「肌質の変化」のストライクゾーン

○岡田節人 他編『岩波講座 科学／技術と人間〈8〉地球システムのなかの人間』岩波書店、１９９９年
○清水宏『あたらしい皮膚科学（第２版）』中山書店、２０１１年

2-6 ＵＶ対策――肌最大の敵は「紫外線」

○「日本化粧品工業連合会ＳＰＦ測定法基準」日本化粧品工業連合会、１９９２年
○今川孝太郎 他「光が皮膚に与える影響」『日本レーザー医学会誌』２０１２年32巻４号

2-7 運動――体と肌の関係

○「健康づくりのための身体活動・運動ガイド２０２３」厚生労働省、２０２３年
○次山航平 他「女性の健康を考える第一歩」『九州理学療法士学術大会誌』２０２３年

2-8 入浴――毎日のルーティンをあらためて考える

○Susan L. Prescott et al. "The skin microbiome: impact of modern environments on skin ecology, barrier integrity, and systemic immune programming" *World Allergy Organ J.* 2017; 10(1): 29.

2-9 ヘアケア――頭を見つめなおす

- 髙倉伸幸「生活習慣病と大きく関わる毛細血管のゴースト血管化」『ヘルシスト』２７６号、２０２２年

2-10 ストレス

- 尾仲達史「ストレス反応とその脳内機構」『日本薬理学雑誌』２００５年１２６巻３号
- 江口裕伸 他「酸化ストレスと健康」『生物試料分析』32 (4)、２００９年

第3章

3-3 アレルギーと効果効能――超微量成分の世界

- 和久井香菜子「コスメの「防腐剤なしはホントにいいの？ 〝自然派〟の落とし穴」女子ＳＰＡ！、２０１６年 (https://joshi-spa.jp/449936)
- 「ISO 16128に基づく化粧品の自然及びオーガニックに係る指数表示に関するガイドライン」日本化粧品工業連合会、２０１８年
- 「化粧品基準」厚生労働省、２００１年
- "ECOCERT STANDARD : NATURAL AND ORGANIC COSMETICS" ECOCERT Greenlife S.A.S., 2012

3-4 迷走するアンチエイジング

◎河野善行 他「皮膚と活性酸素」『炎症』2000年20巻2号
◎片山善章「酸化ストレス」生物試料分析、2009年
◎久光直子 他「Small Island Stress 負荷がラットの血液流動性および活性酸素代謝産物に与える影響」『昭和学士会雑誌』2017年77巻2号

3-5 植物性か、動物性か、化学合成か

◎「グリーンランドのイヌイット——隠された食生活に迫る」行こうよグリーンランド!ウェブサイト、2018年3月12日(https://ikouyo-greenland.com/column/0017/)
◎菅原達也「食品機能性成分としてのスフィンゴ脂質の消化と吸収」『日本栄養・食糧学会誌』2013年66巻4号
◎Anitra C. Carr et al. "Synthetic or Fooc-Derived Vitamin C—Are They Equally Bioavailable?" *Nutrients*. 2013 Nov; 5(11)
◎鈴木康生 他「果樹由来の腸内有用菌増殖因子の同定及び動物性食品との相互作用の解明」『園芸学会誌』2001年
◎舘花春佳 他「リンゴ果汁によるビタミンC 吸収促進作用の解明」青森県立保健大学、2019年

[著者について]

尾池哲郎◉おいけ・てつろう

化学系ベンチャー・FILTOM研究所長。九州工業大学卒、同大学院博士後期課程修了(工学)。2007年、ものづくり日本大賞内閣総理大臣賞受賞。科学的知見をもとに、非加熱化粧品やプレバイオティクス化粧品、生サプリメントなど独自の美容・化粧品を開発。FILTOMの最先端フィルター技術による世界初の生プラセンタエキス開発で特許取得。事業目標に低コスト海水淡水化を掲げる。

美容《びよう》の科学《かがく》

「美しさ」はどのようにつくられるか

2024年4月10日　初版

著者――――尾池哲郎

発行者――――株式会社晶文社

〒101-0051東京都千代田区神田神保町1-11

電話　03-3518-4940(代表)・4942(編集)

URL　https://www.shobunsha.co.jp

印刷・製本――中央精版印刷株式会社

ISBN978-4-7949-7418-1 Printed in Japan